圖解犯罪心理學

正視隱藏在你我身邊的危機

從理論到實例，讀懂難以捉摸的人心黑暗面

面白いほどよくわかる！
犯罪心理学

日本知名犯罪研究專家

內山絢子——監修

李建銓——譯

前言

電視、報紙和最近興起的網際網路，幾乎每天都能看到各種犯罪報導。愈重大的案件，愈是引起多數人關心，為什麼會發生這樣的犯罪事件？犯人到底是什麼樣的人？

在犯罪心理學中，除了研究犯罪種類之外，犯罪事件的來龍去脈，以及促使犯罪者採取行動的原因與動機，更是引起多方關切。

初期研究中，研究者都以一項預設的前提為基礎，那就是，一致認為犯罪者都屬於社會中特定階層的特殊人物，多數研究都集中在探求導致人們成為犯罪者的負面因素。因此，許多研究也都著重於類型理論的分析。本書也會提及許多類型理論，但現在有不少犯罪事件，無法以類型理論來歸類。每一起犯罪事件，都不能單純歸咎於犯罪者的人格特質。研究者開始發現，犯罪機會與當下狀況等環境因素，也是引起犯行的原因。近年來的研究趨勢，已不再單純著重於犯罪者的人格特質，同時更關注他們的成長環境與犯行當下的狀況。一個人並不會因為身上帶有負面的基因而成為犯罪者，但出生之後馬上備受虐待，就可能導致他日後成為犯罪者，這樣的思考方向即是一例。另外，在討論犯罪的形成原因時，必定得考量到時空背景這項因素，隨著時代演變，過去視為犯罪的事情可能除罪化，相反的，有些事情在現代的法律規範下，則屬於犯罪行為。另外，網際網路的普及，也造就了許多新型態的犯罪。因此，本書無法含括所有犯罪類型，這是對讀者感到抱歉之處。

相較於法學，犯罪心理學是一門新穎的學術領域，過去除了警察、教化設施與家庭法院之外，很少有運用到心理學的機會，但最近除了法院判決等情況，為了檢視證詞的正確性，或是讓判決更加順利進行，有時候也會藉助心理學來擬定對策。此外，心理學不僅可應用於犯罪的人們，例如協助各機關制定犯罪者待遇、預防犯罪發生的相關策略，同時也能減輕被害人的心理負擔，幫助他們走出陰霾、重新出發，種種相關研究不斷在發展中。

目前，研究成果還稱不上十分完整，但比起過去，人們對於犯罪、犯罪者與被害人，已有更進一步的理解。在此期盼透過本書，讓讀者能有更深入的認識。

內山絢子

前言

序章

犯罪的定義——加害人、被害人、裁決者，三者與社會的關聯

13～30

CONTENTS　目錄

第1章 犯罪者的成因

第5章 家庭內發生的暴力行為與虐待

123～138

第6章 不良少年心裡隱藏的陰暗面

139～172

第8章 制裁犯罪與矯正、更生的目的

犯罪筆記

序章

犯罪的定義

加害人、被害人、裁決者，三者與社會的關聯

犯罪是法律禁止的行為

單單只是在心裡想著要做對社會會有不良影響的事，並不構成「犯罪」。

利社會行為的極端反義即是犯罪

犯罪一詞，在日本《廣辭苑》（第六版）中的解釋為「犯下罪行，亦指所犯之罪」。另一項解釋為「符合各項明訂刑罰的犯罪構成要件，屬於違法且需背負責任的行為」。

另外，對於罪這個字的定義，《廣辭苑》的解釋是「違反社會規範、風俗、道德等的惡行、過失或導致的災害」。

總之，犯罪即是一種**「違反法律的行為」**。而對社會造成不良影響的行為，意指對於家庭、鄰居、學校、公司，甚至更大規模的整體社會，舉凡與他人相關的社會層面，帶來困擾、煩惱或痛苦等影響。

另一方面，對他人帶來良性影響或是喜悅的行為，任何人應該都會深表歡迎。如果社會上每一個組成份子，都是這樣的人，或許真能創造一個和平的理想世界。上述想法可能有些誇大，不過這些**利社會行為*（親社會行為），的確可以為社會帶來良性影響**。

與之極端相對的行為，則稱為「反社會行為（犯罪惡行）」，反社會行為即是攻擊第三者的行動。

未實際展開「行動」，即不構成犯罪

但是，**如果只是心裡抱持要對社會造成不良影響的念頭，在尚未付諸行動前，並不會構成犯罪**。舉例來說，即使心裡想著：「我好想要那個包包，可

***利社會行為**　反社會行為、非社會行為的反義。意指為他人生理與心理層面的幸福著想，依據自由意志給予恩惠的行為。

是沒錢買，乾脆去偷吧」，或者「那傢伙太可恨了，我要殺了他」，只要沒有採取行動，就不會受到制裁。因為這樣的想法，只存在於主觀的世界裡。

總之，**唯有開始在「社會」上展開「行動」，犯罪行為才會成立**。因為在這樣的情況下，原本存在於內心的想法，才會透過言語的形式，或者對他人採取行動，來付諸實現，並對社會整體帶來不良影響。

換言之，就某種層面來說，犯罪也算是一種社會行為。

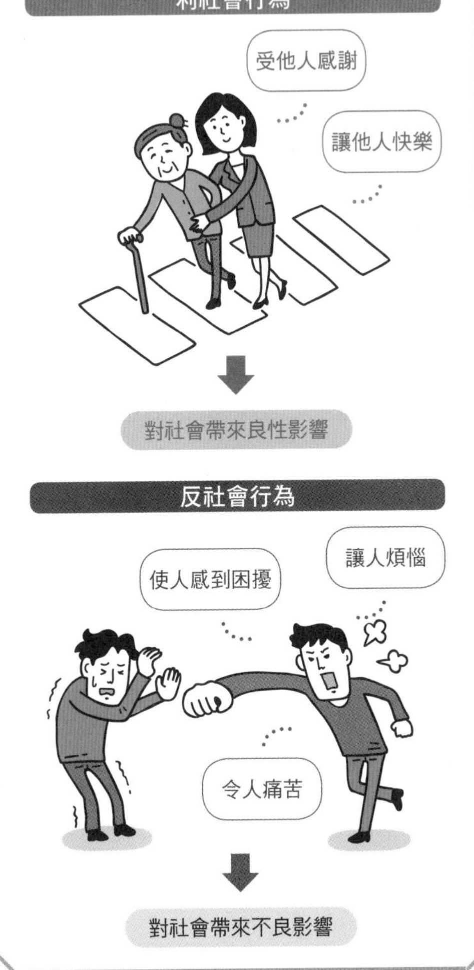

一起犯罪事件中，必定存在加害人與被害人

學界不僅著重於研究犯罪者，也開始重視「被害的原因」。

建立在加害人與被害人的關係之上

加害人*即為犯罪者，**被害人**則指該犯罪事件中，遭受傷害的一方。「殺害」、「竊盜」、「欺騙」等犯罪行為中，必定存在受害的對象（被害人）。**一起犯罪事件，必須具備「加害人與被害人」才算成立**。

因此，研究犯罪必須著眼於兩者間的關係，並且充分理解雙方的心理狀態。不過，過去的犯罪研究，大多著重於「**犯罪動機**」，加害人的心理與行動（加害行為），一直是學者們鑽研的重心。同時，當時的犯罪偵查、刑事程序與司法判決，也跟隨著研究風潮，將著眼點放在加害人。

被害者學開始受到學界重視

這股風潮維持了一陣子之後，終於有人站在被害人的角度，開始研究「**被害的原因**」。**在學界中首度關注犯罪被害人，並提倡「被害者學***」**這項概念的人，是德國犯罪學學者亨悌**（Hans von Hentig，▶▶六三頁）。他在一九四八年發表了一篇研究論文，內容就是犯罪者與被害人之間的關係。

加害人與被害人之間的關係，其實並不單純，有些案例指出，加害人與被害人，在犯罪發生之前就已熟識，抑或整起犯罪事件都是由被害人的行動所引發。當然，我們不能將所有案例一概而論，正因如此，被害人的存在更是研究中不可忽視的要點。

***加害人**　對他人施以加害行為的人。在刑法當中，大多稱為「行為人」。而刑事訴訟與刑事訴訟法當中，則稱為「犯人」。

探索被害人的行動與生活，不只對犯罪搜查和司法判決有幫助，特別是近年來，**為了保護被害人與維護人權，被害者學的必要性也節節升高**。被害人與被害人家屬，被捲入犯罪事件當中，對他們的身體、心理、經濟與社會地位，都造成極大損失。因為他們經常受到「雙重被害（二次傷害）」，為了避免這種情況發生，救濟被害人的呼聲日益高漲。

順帶一提，心理輔導者在詢問被害人時，造成被害人心理上的壓力，也是一種二次傷害。

犯罪事件中存在著加害人與被害人

一起犯罪事件中，必定建立在加害人與被害人的關係之上，而犯罪研究必須以這兩者為對象。

目前，「被害者學」的重要性備受關注。

＊**被害者學**　被害者學的研究發展也開始產生變化，從「被害的原因」演進為「被害的對象」，目前議論的重點為被害者救濟論與被害者政策論。

對於犯罪被害人的援助，日益受到重視

法律明訂犯罪被害人受到「雙重被害」的救濟辦法。

對被害人而言，犯罪並沒有終止

每當犯罪事件發生時，大眾媒體和世人經常忽視被害人，把關注焦點集中在加害人身上，針對什麼樣的人會犯下罪行議論紛紛。**甚至於刑法*也認定犯罪存在與否，是國家與加害人之間的問題，被害人的存在只能證明案件確實發生**。

但是，每一起犯罪事件勢必都有加害人與被害人存在。即使法院已經宣判，**對於被害人而言，犯罪並未就此終止**。如同上一節所述，對於犯罪被害人的關心日益升高，衍生出被害者學開始盛行。在這股風潮之中，最近學者也開始了解，**必須對遭受「雙重被害（二次傷害）」的犯罪被害人，提供救濟與援助**。

透過立法，明訂「犯罪被害人的權利」

在司法層面，日本於二〇〇〇年通過「為保護犯罪被害人等的權利與利益，刑事程序附隨處置之相關法律」，二〇〇四年又通過**犯罪被害人等基本法**。後者法條中，涵蓋保護犯罪被害人與其家屬的基本理念，明確記載「**犯罪被害人的權利**」。另外，更進一步規定，解決犯罪被害人的問題，是國家、地方公共團體與國民的責任與義務。過去，在刑事判決過程，犯罪被害人一直被排除在外，今後，則能夠「參與」其中（增加參與機會）。

被害人保護法訂定之後，國家與地方行政機關、

* **刑法**　用於定義犯罪與刑罰相對關係的法律。刑事訴訟法是訂定如何遂行搜查、審判（公審）等刑事程序的法律。

各種團體也就有所依據，能夠致力於讓被害人及其家屬走出傷害、減輕痛苦，最終再次回歸平靜生活。日本接著建構起全國被害人援助網（NPO法人）及各地區被害人援助中心，提供犯罪被害人諮詢與輔導，和生活上的協助以及庇護場所（➡一三八頁）。警察廳也設置犯罪被害人支援室，接受被害人的諮詢。

犯罪被害人等基本法

以保護犯罪被害人及其家屬為基本理念的法律，訂定國家與地方公共團體必須採取的基本措施與對策。

基本措施與對策

1. 提供諮詢與資訊
2. 協助追討損害賠償
3. 落實發放給付金的相關制度
4. 提供保健醫療服務與福祉服務
5. 防止犯罪被害人遭受二次傷害，確保人身安全
6. 保障被害人居住與雇用的權益
7. 建立完善的制度，以增加參與刑事相關程序的機會

等

目的在於協助被害人及其家屬，走出傷害、減輕痛苦，再次回歸平靜的生活。

犯罪事件中的第三個角色──「裁決者」

裁決者的任務是判決被告有罪、無罪及刑罰種類，讓犯罪者付出代價。

裁決刑罰，必須由第三人執行

犯罪是一種「對社會帶來不良影響的行為」，同時也是「符合各項明訂刑罰的犯罪構成要件，屬於違法且需背負責任的行為」（《廣辭苑》），如第一四頁所述）。

刑罰（➤二二頁）意指對犯罪的制裁，由國家或地方自治團體行使權力，剝奪犯罪者原本受法律保障的權益。簡而言之，**就是針對判決有罪的人，強制奪取人身自由與財產**，有時候甚至奪走對方的性命（死刑）。

在施予刑罰之前，必須先判斷該當事人有罪或是無罪。實行這一連串過程的人物，**既不是加害人，也不是被害人，必須由「第三人」擔任，扮演「裁決者」**的角色。

不同裁決者所做的判斷，各有差異

裁決者的任務，是針對被告所做的行為，**裁定（認定）**「該行為確有問題，必須為此贖罪」。

裁決者即是**法官**，也可能是**裁判員**（➤二〇八頁）。即使每一個判決都是以法律為基礎，但做出裁決的法官或裁判員，終究還是人類，每個人的價值觀當然也不盡相同。不過，即使法官個性不同，原則上，最終的判斷也不會有太大的差異。因此，這樣的制度還是能保有某種程度的公平性。

實際上，若是不服判決，可以提請更高一級的法院判決（上訴*），如此一來，下一次的判決，不同法官可能做出不同於先前的判決。

法律只是一項規範，目的在於盡可能維持判決的公平性，但最終依照規範下達判斷的還是人。因此，判斷的結果產生爭議，也是可以理解的。

順帶一提，法官在判定裁決時，可能會參考**判例**。判例意指過去裁決的結論，每一起判例，都**可能做為日後裁決的規範**。也就是說，判例即是一項判斷的基準。

加害人、被害人與裁決者的關係

為釐清犯罪等造成問題的行為，必須排除與犯罪有直接關係的加害人與被害人，交由第三方裁決者來判斷。

＊**上訴**　「上訴」在日文中分為「控訴」與「上告」，「控訴」為不服第一審宣判所提出，「上告」則是不服第二審時申請。但即使對宣判結果不服，法院未必會接受上訴。

論罪科刑的意義

裁決者在決定刑罰時，必須考量犯罪者有無回歸社會之可能。

教育刑論著重於考量犯罪者的未來

成人犯下罪行，即為刑事處分的對象，**法官與裁判員**（➡二〇八頁）**判斷被告有罪之後，必須決定其量刑（刑罰的種類與程度）**。而量刑是以刑法（詳見第一八頁）做為依據。

為何對犯罪人施以刑罰*？其目的可分為兩個論點來思考。一個是**目的刑論**，另一個是**應報刑論**。

目的刑論著眼於考量犯罪人的未來，認為科以刑罰的目的在於遏止再犯。目的刑論亦即一種**教育刑論**，主旨是希望透過教育來改善受刑者，促使他們能夠回歸社會。

另外，教育刑論還可以分成**一般預防論**（防止一般人犯罪）和**特別預防論**（防止接受過刑罰的人再次犯罪）。前者的目的，是為了讓社會大眾了解，如果犯罪就會受到刑罰，如此一來，可以遏阻一般人興起犯罪念頭。後者則是為了促使犯罪當事人反省，同時實施矯正教育（➡二一〇頁），達到預防再犯的目的。

從應報刑論的觀念，轉為重視防止再犯

另一方面，應報刑論的目的則是**「報復犯罪行為」**，也就是「以牙還牙，以眼還眼」的最佳寫照（➡六五頁）。總之，這個想法的出發點，就是讓犯罪者嘗到與被害人相同的痛苦。但是，在這樣的想法之下處以刑罰，就難以期待犯罪者改過向善，

＊刑罰　在日本，刑罰的種類可分為生命刑（死刑）、身體刑、自由刑（見第二一〇頁）、驅逐刑、財產刑、名譽刑（剝奪名譽與身分）等。近代社會幾乎廢止所有的身體刑。

達到更生的效果，反倒有可能阻止犯人改過向善與更生。

當犯罪者服滿刑期，回歸社會之後，我們就不應該再追究他是否得到「報應」，**更重要的是給予教育與援助，避免他再次犯罪**。人類並不是處以長期刑罰，就能洗心革面的單純生物。因此，裁決者在下達刑罰之時，還必須考量矯正犯罪者，使其能回歸社會。

刑罰的意義

教育刑論分為一般預防論和特別預防論。若僅以報復為目的，採取應報刑論，將可能造成社會秩序的崩壞。

一般預防論

具有防止一般人犯罪的效果。人們知道犯罪會被處以刑罰，就不會心生歹念。

特別預防論

具有防止接受過刑罰者再犯的效果。促使當事人反省，並藉由矯正教育防止其再犯。

06 犯罪報導的理想與現狀

大眾傳媒報導滿足一般市民知的權利，但經常過度報導。

過度報導，會煽動群眾的不安

一般市民大多從電視、報紙或網路等報導，得知社會上發生的事件。而愈是重大的事件，我們就愈想知道後續的進展。因為，如果是發生在身邊的凶惡事件，知道的愈多，我們便能藉以確保自身的安全；若與我們切身無關，則是因為同情犯罪被害人，抑或是對犯罪加害人感到興趣。

每次發生凶惡的犯罪或是令人震驚的事件時，媒體總是一而再、再而三地大肆報導。特別是**電視新聞的過度報導，有可能令觀眾產生不必要的恐懼與不安**。實際上，根據二〇〇四年日本內閣府所做的「治安相關輿論調查」顯示，人們會關心治安，最主要的原因就是「電視和報紙經常報導」，比例高達百分之八三．九。

過度報導會造成一般市民不必要的不安，即使實際上並非那麼嚴重，但民眾卻覺得治安極度惡化，這種情況稱為**道德恐慌**＊（Moral panic）。

報導可能演變成社會性的制裁

依日本憲法規定，大眾傳媒擁有「**表現自由**」。表現自由的基礎，即是國民擁有「**知的權利**＊」，但並不代表媒體可以隨心所欲報導任何事情。媒體在報導時，必須考量犯罪被害人的隱私，及種種特殊情況。另外，提及被害人或嫌疑人時，要使用**實名報導**，還是**匿名報導**，也是個問題。

＊**道德恐慌**　將特定團體或人物，視為威脅社會秩序的存在，多數人認為必須加以管束，或將之排除於人群之外。

舉例來說，若是報導中提及嫌疑人（有犯罪可能，但尚未確定嫌疑是否屬實者）的真實姓名，並且鉅細靡遺說明生平，可能**在法院審判之前，犯罪者就事先遭受社會性的制裁**。由此可見，報導究竟是滿足群眾「知的權利」，或是「提供社會性制裁的資訊」，這一點就值得探討。

再者，**媒體為了尋求報導的題材，不停緊追犯罪被害人，進而對犯罪被害人造成「雙重被害（二次傷害）」**，這樣的情況也是屢見不鮮（→一七頁）。制定犯罪**被害人等基本法**（→一八頁）之後，媒體開始自律，對犯罪被害人不再苦苦相逼，但還是有改進的空間。

最近的報導轉而集中在被害人的憤怒與悲傷，除了提高觀眾的同情心，同時也煽動大眾對嫌疑人或犯罪者的憎惡。

在這樣的現況下，我認為觀眾也必須背負重大的責任，以冷靜的觀點來面對犯罪報導。

犯罪　筆記

無罪推定原則——不處罰嫌疑人

「不處罰嫌疑人」是刑事判決的原則，也是法官經常使用的言語表現。簡而言之，就是「任何人在接受有罪判決之前，都推定為無罪」，站在當事者角度的說法，就是「無罪推定原則」。

這項原則最初是在一七八九年的法國人權宣言中所制定，目前也收入國際人權法典明文規定。總之，這項規定已是近代刑事訴訟的大原則。但是，日本媒體的現況，大多在逮捕時就將當事人認定為犯罪者，報導都傾向逮捕等於有罪。因此，即使之後判決無罪，或釐清只是因為誤認而被逮捕，當事人卻已受到毫無事實根據的偏見傷害。

＊**知的權利**　由「表現自由」衍生而出的權利。人民有要求國家提供資訊的權利（積極權利），同時也有不受國家阻礙，獲取資訊的權利（消極權利）。

人們對於犯罪抱持不安的心理

人們對於超乎常識的異常事態感到恐懼，並追求明確且易懂的答案。

破壞生活平靜的重大事件，總讓人感到不安

犯罪心理學並不是一門「解釋犯罪者心理的學問」。除了犯罪者的心理以外，因犯罪受到傷害的人（犯罪被害人）、審判的過程和做法，以及矯正犯罪者的行為，預防犯罪再次發生，這些事情也都是研究的對象。另外，除了犯罪者和被害人之外，與犯罪沒有直接關聯的社會大眾，其實也是犯罪心理學研究的範疇。因為每一起犯罪，都對世間造成莫大的影響。

對一般人而言，**日常生活應該是沒有災害或犯罪**，平靜且安穩。一旦社會上發生波及多數人的災害或重大犯罪，人們便會開始感到不安*，總想著「自己可能也會被捲入犯罪事件」。

同時，愈是超乎一般人想像的犯罪事件，人們就愈是擔憂，並關心起是什麼樣的人犯下這種罪行？會不會再次發生類似的事件？自己是不是會被捲入，成為被害人？於是大家紛紛尋求解決之道，希望執法單位早點捉住犯人，查明原因和理由。

希望釐清為什麼發生違背規範的脫序行為

日常生活無法預測的異常事態，就是違背規範*的脫序行為，所謂規範，亦即一般基準或團體的約定俗成。本章一開始已經提過，犯罪即是「**違反法**

＊**不安**　心裡重複發生不安的情緒，會讓人感到強烈的痛苦，並轉化成強迫觀念和強迫行為，這種狀態稱為強迫症，其中包括加害不安與被害不安等。

律的行為」（➡一四頁）。也就是說，**違背一般認知規範的行為，就是犯罪的具體表現**。

正因為引發異常事態的人，心裡的行動和想法，違背一般人認知的規範，導致人們完全無法理解。**無法理解的事態，正是引起不安的原因**。

另外，對於為什麼引起異常事態，任何人都想盡早知道原因。因為早一點知道原因，就能找出明確的解決方式和答案，也能消除心裡的不安，回到安心生活的狀態。

對犯罪感到不安的心理

當人們聽到違背規範的犯罪事件，心裡總會隱隱感到不安，並且希望了解原因，獲得明確的答案。

＊**規範**　意指一般基準、標準或平均值，也是行為和判斷的基準模範（榜樣），另外也是團體約定俗成的事物。法律即是建立於國家認定的規範之下。

「外行人理論」的危險性

「外行人理論」大多是個人經驗累積的主觀論點，並且規避複雜性。

每個人都擁有獨自的理論

誠如上一節所述，人們對於異常事態的犯罪，總想追求具體的說明，無法忍受難以解釋或曖昧不明的狀況。因此，針對犯罪事件的發生原因，便會提出自己的見解，例如，「因為犯人出生在缺乏親情的家庭」，或是「因為家族成員都是社會菁英，才會犯下那種罪行」。總之，**即使不是心理學者或專家，但每個人心裡都抱持著獨自的一套理論**。

人們對於人性所抱持的獨自理論，有別於近代科學發展過程中逐漸消失的「迷信*」，在現代社會裡更加活躍。每個人經歷過的事情愈多，或聽過愈多專家解說，就愈是會在毫無根據的情況下，建立起一套屬於自己的理論，並且想找人訴說。這樣的理論，我們稱為**「外行人理論」**。

「外行人理論」喜歡將事情單純化

任何情況或是任何話題，都會有人提出「外行人理論」，而且內容大多是單純的因果關係，也就是**把事物帶入單純化的公式中，排除不符合公式的可能性**。總之，「外行人理論」都有規避複雜性的傾向。套用在分析犯罪心理上，只要能夠斷定「因為這樣，所以那樣」，人們便能獲得一個說服自己的解釋（安心感）。因此，人們在面對大眾媒體的報導時，很自然地就接受了單純的解釋。

另外，外行人理論還有另一項特徵，就是**對於**

*迷信　亦稱為民間信仰。意指每個人都相信，卻沒有合理根據的事物。例如，「有黑貓從眼前走過，就會走霉運」等，多數迷信的架構，都是某種行為將造成某種結果。

與自己的論點不同的事例，視而不見。舉例來說，就算有事實或狀況足以推翻自己的論點，人們就會說：「那是特例。」藉以矇混過去，目的只是想主張自己的論點絕對正確。這樣的情況，就稱為**選擇性確證**。

更進一步來說，「外行人理論」充其量只是**當事人以自身經驗為基礎，建立起來的主觀理論**。例如，男性與女性的思想方式不同，或者成長環境不同，因此每個人抱持的理論，應該也會大相逕庭。

即使「外行人理論」只是「外行人所說的話」，也不能等閒視之。因為就算是個錯誤的理論，只要當事人充滿自信不停論述，應該會有不少人受到影響。舉例來說，檢討性犯罪被害人的「強姦神話」（➧八九頁），就是這種類型的外行人理論，同時也更加深了被害人的傷害。

犯罪者也都抱持著獨自的「外行人理論」，有些人就是過分相信自己的理論，最後導致犯下罪行。

犯罪筆記　外行人理論與內行人理論的比較

英國社會心理學者佛漢（Adrian Furnham），將「外行人理論」和「內行人理論」做出以下對比。

外行人理論	內行人理論
●曖昧且缺乏整合性	●具有頭尾一貫的整合性
●只注重肯定的證據	●思考反證的可能性
●只注重單向的因果關係	●注重單向、反向、雙向的因果關係
●大多整理成簡單的類型	●目標是找出可解釋的過程與機制
●具特殊性	●具普遍性

TOPICS 1

斯德哥爾摩症候群（Stockholm syndrome）——被害人同情加害人

一九七三年，瑞典首都斯德哥爾摩發生一起銀行搶案，匪徒劫持人質與警方對峙。假釋中的加害者，以四名銀行行員做為人質，要求警方提供現金，並釋放在獄中服刑的銀行搶匪同伴。這起搶案僵持了五天，所幸最後在無人死亡的情況下，歹徒遭到逮捕。

但是，事件結束後，調查人質發現，人質竟然協助犯人抵抗警方，並做出用槍指著警方、與警方為敵的一些行為。甚至在出庭作證時，也極力包庇犯人，其中一名人質日後更與犯人結婚。

受到加害者高壓支配，心生恐懼的情況下，與其反抗或抱持厭惡的態度，倒不如釋出善意，協助、信賴加害者，得救的機率可能會比較高，這也解釋了該事件中人質為何採取那樣的行動。人類在面對非現實的處境時，平常的情緒和感覺會因此錯亂，同時，也會對加害者產生依賴的心理。

經過此次事件，日後發生犯罪事件，被害人與犯人在相同的場所相處一段時間後，進而對犯人產生過度的同情與好感，這種情況就稱為斯德哥爾摩症候群。

第 1 章

犯罪者的成因

犯罪者研究的變遷

研究犯罪者的範疇，由人類學演進至犯罪社會學。

犯罪人類學與天生犯罪人學說

犯罪心理學的發展過程，將在第九章詳述，在此先提及一點，對於犯罪者特徵的研究，是由犯罪人類學學者開啟先河。**犯罪人類學**約起源於兩百年前，當時的學者認為**犯罪者身體上一定具有某項特徵，依容貌外觀特徵可以判斷一個人是不是犯罪者**，進而演化成一門學問來研究（▶▶二三〇頁）。

真正建立犯罪人類學這門學問的人，是義大利精神科醫生龍勃羅梭*（Cesare Lombroso）。他仿傚顱相學者，調查許多犯罪者的顱骨，企圖從型態中找出犯罪者的共通點。並且著手**調查犯罪者的家族血統**，想找到與生俱來的確切證據。最後，他導出並提倡的結論是「天生犯罪人學說」——犯罪者一生下來，命中註定就會犯下罪行，而且體內擁有退化的基因。

犯罪人類學至犯罪社會學的演進

犯罪人類學過於天馬行空，並且欠缺說服力，讓世人難以接受，最終飽受抨擊，被視為是一門牽強附會的學說。事實的確如此，天生犯罪人學說排除一切社會與環境的要素，自然不是足以讓人信服的學說。

然而，包含天生犯罪人學說在內的犯罪人類學，在日後對染色體異常等**基因學的發展帶來極大的貢獻**，也是不爭的事實。其後，犯罪人類學的理論也

***龍勃羅梭**　切薩雷・龍勃羅梭（一八三五～一九〇九），義大利精神科醫師，犯罪人類學的創始者，後世稱為犯罪學之父，以天生犯罪人學說最為著名。

傳承至**犯罪生物學**。

犯罪人類學提倡宿命論，與之抗衡衍生而出的學說即為**犯罪社會學**。法國的法醫學者拉卡薩涅*（Alexandre Lacassagne）表示：「犯罪並不是命中註定發生的事情，世界上有些地區的環境容易助長犯罪，因此才會發生犯罪行為。」

如上所述，關於犯罪者形成原因以及犯罪事件本質的研究，便由犯罪人類學演進至犯罪社會學。

犯罪者研究的演進過程

犯罪者研究始於犯罪人類學，之後演進至犯罪社會學。

犯罪人類學

認為犯罪者身體上有某項特徵，研究從外觀容貌的特徵，判斷一個人是不是犯罪者。

- 龍勃羅梭調查身體特徵
- 提倡天生犯罪人學說
- 調查家族血統

基因學的發展 ➡ **犯罪生物學**

犯罪社會學

一個人犯下罪行並非天生註定，而是因為世界上有些地區的環境助長犯罪，最後導致犯罪行為發生（拉卡薩涅）。

＊**拉卡薩涅**　全名是亞歷山大．拉卡薩涅，法國里昂大學的法醫學者，利用來福槍特有的膛線來調查犯罪事件，或是由骨頭長度推測被害人的身高。

容易誘發犯罪的地區環境

居民之間關係淵源薄弱的地區，容易由輕度犯罪都市轉變為重大犯罪都市。

地區上的聯絡與團結是必要的關係

由**犯罪社會學**（▶▶三三頁）的立場來看，美國的都市社會學學者伯吉斯＊（Ernest Watson Burgess）發現，隨著人口的流動（移民流入或貧窮階級居民搬入），會造成老舊的住宅區形成貧民窟，而該地區的疾病、自殺和犯罪的比例也會跟著增加。

若留著滿地垃圾或牆上塗鴉不管，其他人也會做出相同的行為，最後造成整個街道變得髒亂不堪。放任輕微的犯罪不管，漸漸地也會對重大犯罪視而不見，該地區的治安也會愈來愈惡化（破窗理論，▶▶六〇頁）。

日本雖然不像美國，有顯著的犯罪都市和濫用藥物的都市，但是在新興都市或是移居者較多的地區，擠壓到該地原本居民的人口，職業和家庭結構崩壞，地區人民的交流和團結也日趨薄弱，這是日本都市的現況。如此一來，就容易發生輕微犯罪（**犯罪萌生期**），接著治安便愈來愈惡化（**持續期**）。

持續放任這樣的狀態持續下去，外人對該地區的印象會愈發惡化，移居和搬家的住民也會增加，結果犯罪的情況就更加嚴重。

過去，紐約是一個犯罪事件頻繁的都市，許多窮凶惡極的罪犯滯留在當地，就算政府大張旗鼓對當地進行掃蕩，卻仍無法有效減少犯罪。後來，政府改變做法，開始取締亂丟垃圾和違法塗鴉等輕微犯罪，也因此成功減少重大犯罪事件的發生率。

＊**伯吉斯**　以芝加哥為對象，研究都市地區各種社會團體的分布狀況。以同心圓的形狀，說明都市土地利用模式，稱為同心圓模式（伯吉斯模式）。

犯罪都市的形成過程

美國都市社會學學者伯吉斯發現，移民流入或貧窮階級居民搬入，會在該地區形成貧民窟，進而增加疾病、自殺與犯罪的比例增加。日本有些地方，也因為人口的轉移而形成犯罪都市。

新興住宅區（新造鎮等）

在都市郊外等地，新建立的住宅區，居民皆由新搬入的人口組成，難以形成緊密的人際關係。

||

對於犯罪的抑制力薄弱

犯罪萌生期

重複發生違法丟棄垃圾或違規停車等輕微犯罪

居民視而不見，放任犯罪發生

街道開始荒廢 →  **持續期**

地區的印象惡化，居民移出或搬遷情況增加

成為犯罪都市

03 文化差異是否可能導致犯罪？

進入一個與過去不同的文化圈生活，將使人容易引起衝突。

文化衝突理論

在犯罪社會學的研究領域中，曾有學者針對犯罪發生環境，提出「文化」差異是其中一項要素。美國犯罪學學者**塞林**＊（Thorsten Sellin）曾經以移民做為主要對象，研究他們容易引起文化衝突的原因。研究報告指出，移民大多居住於惡劣的環境，當他們遵循祖國的文化或規範行事，可能違反目前居住地區的法律而造成犯罪，另外也有不少例子是因為身處新環境，心裡累積各種壓力，最終一次爆發出來，演變成犯罪行為。

透過這些研究，塞林歸納出一個結論，**人們的行為一直遵循某種規範和文化，但相同行為在另一個地方，可能被視為犯罪。因此，不同規範與文化在接觸中產生的衝突，最後就容易造成犯罪。**這樣的情況就稱為**文化衝突理論**＊。

再者，這樣的衝突又分為**第一次衝突**（移民的規範和社會規範差異產生的衝突）和**第二次衝突**（社會歧視過程產生的文化衝突）。

事實上，犯罪的定義會隨著**法律和規範**而改變。到目前為止不會受罰的事情，可能因為法律改變而產生罰則。另外，善與惡的分際，也會因**教育**而改變。長久以來雙親教導的善事，等到出了社會，發現其實是一種罪惡，此時心裡難以適應，便會產生衝突，甚至在最後因而犯下罪行。

＊塞林　索爾斯坦．塞林（一八九六～一九九四）。進行死刑的相關研究，以曾經廢除死刑而後又重新執行死刑的州為對象，主張廢除死刑與再度執行，對於殺人犯罪率並無直接影響。

文化差異產生的衝突導致犯罪

人們的行為一直遵循某種規範和文化，但相同行為在另一個地方，可能被視為犯罪。因此，不同規範與文化在接觸中產生衝突，最後容易造成犯罪，這樣的情況稱為「文化衝突理論」。

＊**文化衝突理論**　文化衝擊（Culture Shock）意指從不同的文化圈回國時，必須重新適應祖國文化的過程中，產生的各種衝突。與文化衝突理論不同的，是整體過程比較短暫。

社會制度變遷造成的無秩序狀態

即使目標明確也無法成功，造成人們陷入心情浮躁的迷亂（Anomie）狀態，最終犯下罪行。

「需求」是迷亂狀態的原因

上一節提及的文化衝突理論（➤三六頁），可說是人們的**「無知」**所造成。也就是說，對於不同文化的無知與認識不足，造成與不同文化產生衝突，最後在不得已的情況下，踏上犯罪一途。

另一方面，法國社會學學者涂爾幹（Emile Durkheim）提出另一項學說，認為人們在失去可遵循的規範時，將會陷入混亂狀態，這種狀態就稱為「**迷亂***（無規範、無秩序）」。

在這樣的情況下，學者認為社會規範將失去作用，個人需求會開始毫無限制地膨脹，引發慢性的不滿與焦躁（迷亂狀態），而人們的物慾又會更加擴大至無邊無際，最終自殺與犯罪事件將急遽增加。因此，**每當社會秩序的基礎崩解，再次重新編制時，對「慾望」的規範就會失去應有的作用。**

無法成功，帶來心裡的焦躁

美國社會學學者**默頓**（Robert King Merton）承繼涂爾幹的思想，更進一步發現，當「金錢上的成功」這個**文化性目標**，以及為了成功採取合法手段的**制度性手段**之間產生落差時，就容易造成迷亂的情況。

舉例來說，美國是一個自由的國度，而且到處充滿成功的機會，俗稱可以一圓**美國夢***，失敗者（貧困者）經常可以得到翻身的機會，相對的，人們對於無法成功的人，苛責的力道也相形強烈。於是，

***迷亂**　語源是希臘語，意思是「無法律狀態」。迷亂又分為社會面相（社會或集團的秩序價價觀體制崩壞）與個人面相（不安、無力感等）。

人們若無法透過合法手段獲得成功，就容易鋌而走險去犯罪。

默頓又提到，以合法手段達到文化性目標，最後確實會得到應有的獎勵，針對這一點，人們應對的方式可以分成五個種類。**①配合**、**②革新**、**③遵循禮節**、**④退卻**、**⑤反抗**。其中，「革新」型的人，為了達成目標，可能採用新的手段，但大多是無視於社會規範的方法。總之，就是一種犯罪。「退卻」型的人，會放棄目標和手段，最後走上濫用藥物或自殺一途，「反抗」型的人，則大多會發起革命運動。

＊**美國夢**　美國特有的「成功」概念。每個人都擁有平等的機會，只要勤勉付出努力，就能夠獲得成功。

05 犯罪者的類型

犯罪者無法一概而論，因為每個人的生平和人格都不同。

謝利其提出的犯罪者類型

犯了罪的人都稱為犯罪者，但每個人的生平和人格各有不同。犯罪心理學分析各種典型犯罪者，將他們「**類型化**」。其中最有名的分類，是由奧地利犯罪學學者**謝利其**（Ernst Seelig）所提出。他依照犯罪的原因以及過程，將犯罪者分為以下九類：

①**職業型犯罪者**：以犯罪維生的人，例如遊民和娼妓等。

②**財產型犯罪者**：這類罪犯有正常的工作，但意志薄弱，無法壓抑對金錢的慾望而犯下罪行，最後大多以職務之便盜領、詐欺。

③**攻擊型犯罪者**：無法控制情緒，所有犯罪都與暴力有關，最後甚至忍不住殺人。

④**性慾難抑型犯罪者**：無法克制性慾，容易犯下強姦或性騷擾。

⑤**危機型犯罪者**：在人生某個階段面臨抉擇，陷入精神不安定的情況，進而採取攻擊性或超出社會規範的行為。

⑥**原始反應型犯罪者**：不經思考，在無意識中犯下罪行。個性衝動，經常憤憤不平或突然暴怒。

⑦**確信型犯罪者**：基於自身信念犯下罪行。例如：恐怖份子、政治犯或宗教狂熱者。

⑧**社會訓練不足的犯罪者**：違反交通規則、無證營業或妨害公序良俗*等，因過失或無知造成犯罪。

⑨**混合型犯罪者**：以上八類符合其中兩種以上。

＊妨害公序良俗　公序良俗為「公共秩序與善良風俗」的簡稱。民法規定，以違反公序良俗事項為目的的行為無效。

謝利其提出的犯罪者類型

謝利其依犯罪的原因，以及犯罪的過程，將犯罪者分為以下九種類型。

1 職業型犯罪者

不喜歡從事正常的工作，以犯罪維持生計的人們。例如：遊民和娼妓。

2 財產型犯罪者

由於意志薄弱，缺乏抵抗力，無法壓抑對金錢的慾望而犯下罪行，最後大多以職務之便盜領、詐欺。

3 攻擊型犯罪者

無法控制情緒，所有犯罪都與暴力有關，稍不順心就暴力相向，最後甚至忍不住殺人。

4 性慾難抑型犯罪者

無法克制性慾，容易犯下強姦或性騷擾。虐待狂、戀童癖和暴露狂也屬於這一類罪犯。

5 危機型犯罪者

青春期展現出攻擊性或超出社會規範的行為（為了和外遇對象結婚而殺害配偶，也屬於這種類型）。

6 原始反應型犯罪者

像個精神層面還不成熟的幼兒，不經思考，在無意識中犯下罪行。個性衝動，經常憤憤不平或突然暴怒。

7 信念型犯罪者

基於自身信念，認為所犯罪行是自己的義務。例如：恐怖份子、政治犯或宗教狂熱者。

8 社會訓練不足的犯罪者

違反交通規則、無證營業或妨害公序良俗等，因過失或無知造成犯罪。

9 混合型犯罪者

以上八種類型中，符合其中兩種以上。

06 發生犯罪的四種情境

犯罪發生的要素，必須包括加害人、被害人和第三人。

從社會心理學觀察發生犯罪的原因

社會心理學是研究在社會這個大型團體中，人們採取什麼樣的行動，以及當下心裡的想法。只有加害人和被害人這兩個角色，並不會發生犯罪。**每一起犯罪事件，都存在著加害人與被害人，以及對兩者帶來影響的第三人**。出自於第三人的**目擊**、**抑制**、**矯正**、**介入和煽動**等行為，才會創造出加害人、被害人，亦或兩者皆是。

但是，濫用藥物（➤二〇〇頁）或賣春等犯罪，並沒有直接的被害人。同時，犯罪者本身也可能是社會體制的被害人。

以上述關係為前提，社會心理學家安倍淳吉*，將犯罪發生的情境分為以下四類。

①**秘密型**：在被害人與周遭的第三人未察覺的情況下，達到犯罪目的。

②**潛在型**：例如闖空門和濫用藥物，加害人犯罪的當下，並無被害人和第三人在場。

③**威力型**：搶劫銀行或恐嚇，加害人刻意讓被害人與第三人意識到自己的存在，並強行壓制他們的抵抗。

④**詐欺型**：加害人的行動，讓被害人或受制的第三人認為對自己有利，但最終只是有利於加害人自身的犯罪。

這四種情境的共通點，就是加害人最後一定都會獲得利益。

＊**安倍淳吉**　一九一五～一九九三。東北大學名譽教授，同時也是社會心理學權威。以少年感化院和監獄裡的不良少年為研究對象，建立起獨特的犯罪理論。

發生犯罪的情境

社會心理學學者安倍淳吉提出，犯罪的過程可分為以下四種情境。

1 祕密型

在被害人與周遭的第三人未察覺的情況下，達到犯罪目的。

例：店內行竊、扒竊等

2 潛在型

加害人犯罪的當下，並無被害人與第三人在場。自己難以阻止自己，終究會犯下罪行。

例：闖空門、濫用藥物等

3 威力型

加害人刻意讓被害人及第三人意識到自己的存在，並強行抑制他們的抵抗。

例：搶劫銀行、恐嚇等暴力型犯罪

4 詐欺型

加害人的行動，讓被害人或受制的第三人認為對自己有利，但最終只是有利於加害人自身的犯罪。

例：詐欺事件

07

犯罪情境由偶發事件引起，愈演愈烈

偶發犯下的罪行，逐漸演變成不可收拾的局面。

從誘發情境，到選擇情境、創造情境

透過實際調查報告，可以了解犯罪發生的原因。日本大分縣立護理科學大學的人類科學研究室成員關根剛，曾經以某監獄的生命犯罪（殺人或殺人未遂）和性犯罪受刑人為對象，詢問他們引起犯罪事件的原因。

從回答的結果，大約可以分為以下四個種類。

①狀況：「無可奈何」、「沒有更好的選擇」等，**在不得已的狀況下引起犯罪事件**。

②忍耐：「因為無法忍耐」等，**忍耐力不足而犯下罪行**。

③運氣：「運氣不好」、「因為一連串的偶然」等，**並非出自刻意，但因為運氣不佳才犯罪**。

④衝動：「因為我個性容易衝動」等，**不自覺間犯下罪行**。

這些加強心理的誘因，就是引起犯罪的「情境」。有別於計畫綿密的智慧型犯罪，或是經驗豐富的罪犯，上述犯罪者都是所謂**偶發犯**＊（偶然間犯下罪行）、**機會犯**＊（正好有機會犯罪），或**初犯（少年犯）**等，**這些人都是因為碰上偶然的情境或狀況，誘發犯罪行為**。

舉例來說，經過某家店，發現四下無人，結果就忍不住跑進去偷東西，或是在咖啡廳發現隔壁桌的客人忘了東西，卻沒交給店員，而是據為己有。像這種吸引人犯罪的情況，就是「**誘發情境**」。

＊**偶發犯、機會犯**　在偶然的情況下，一時興起犯下罪行。慣犯則是習慣於犯罪，不停重複犯罪。確信犯意指明知不可為，卻刻意犯罪的人。

然而，這些人在多次順利犯下小罪之後，心裡便會開始期待再次遇上相同的情境，並且在店裡尋找店員看不見的死角。這樣的心理就稱為**「選擇情境」**。

甚至於如果無法順利選擇適合犯罪的情境，就會強行製造犯罪的情境，此時的行為就稱為**「創造情境」**。例如撬開店鋪，進入行竊，手段變得愈來愈惡劣。

從誘發情境演變成創造情境

偶發犯或機會犯都是在特殊的心理狀態下，碰上容易犯下罪行的情境，最後實踐犯罪行為。

誘發情境

心情不佳、悶悶不樂的心理狀態下，遇上偶發的情境。

↓

選擇情境

開始尋找容易犯罪的情境。

↓

創造情境

最後採取強硬的手段，創造犯罪的情境。

自卑意識與犯罪的關係

潛藏於意識底下的自卑感，化做極端的反擊。

麻原彰晃的自卑心理

策動**奧姆真理教**事件的主謀者（教祖）**麻原彰晃**（➡一二一頁），是一名榻榻米師傅所生、排行第四的兒子，天生罹患視覺障礙（並沒有全盲），青年時期經歷許多波折。在盲人學校時，就對權力展現出強烈的渴望，利用暴力支配周遭的孩子。他的成績中等，執意報考東京大學而名落孫山。之後結了婚，開設一家針灸治療院，但很快就結束營業，接著他選擇「最賺錢的行業」，創立了奧姆真理教。麻原彰晃號稱入教即為「解脫」，召集許多高學歷知識份子做為嫡傳弟子，並教唆他們實踐犯罪。

上祐史浩*也是這些弟子中的其中一員，擔任奧姆真理教的對外發言人。他在日後受訪時，曾經對麻原彰晃做出以下評論：「**童年時期的悲慘遭遇，造成他自卑的心理。**」

自卑的反作用，造成犯罪

自卑一詞，意指「覺得劣於他人」的一種情結。舉例來說，「在校成績不如他人」或「覺得自己的容貌不如他人」等。但是，就心理學的觀點來看，**自卑其實是一種無意識中，心裡各種情緒的綜合表現**。也就是說，我們不能輕易斷言「自己對某件事情抱持自卑感」。平常沒有意識到的情緒，因為無法排解而殘留於潛意識之中，在某個時機點受到刺激，造成心理上無法忽視的一個「疙瘩」，進而對

（↘承左頁）擔任「緊急對策本部長」，並以公關部長的身分，在媒體公開發言。能言善道的詭辯風格，讓世人揶揄他為「很會換句話說的上祐」。出獄之後，創立宗教團體「光之輪」。

當事人帶來各種影響。

以麻原彰晃為例，自卑感的根源來自於環境（社會整體造成的自卑），因為環境阻礙他實現自己強烈的野心。每個人的內心，其實都在**克服潛意識裡的自卑感，同時也不會察覺自己一直為此努力奮鬥**。這種情況是**防衛機制**（➡八三頁）之一的**「補償」**。**當補償心理以扭曲的型態具體呈現，即構成犯罪**。當一個人受到周遭人們及社會整體粗暴的對待，或是嘲諷、欺侮時，當事人心裡產生受害意識或對迫害的恐懼，最終將以極端的行為做為反擊。

形成自卑的原因

自卑（覺得劣於他人的心理情結）是聚集了各種要因，對心理層面造成了影響。

- 生平
- 家庭經濟狀況
- 理解能力
- 健康問題
- 外貌
- 偏見帶來無端的誹謗中傷
- 溝通能力
- 社會難以接受的興趣、嗜好與性癖等

＊上祐史浩　奧姆真理教的教徒之一。曾就讀早稻田大學理工學系，之後進入早稻田大學研究所修滿學分。大學時期加入「奧姆神仙會」，數年後晉升為教團中僅次於「尊師」的「正大師」。在地鐵沙林攻擊事件（一九九五年）之後，（↗接右頁）

09

突然發飆，並以暴力相向

並不是只有年輕人會「發飆」，各年齡層心中都充滿壓力。

急性暴怒反應和鬱積暴怒反應

日本有一句慣用語是**「堪忍袋的束帶斷掉了」**，代表「忍無可忍」的意思。古時候，人們把忍耐的程度比喻為一個袋子，稱為「堪忍袋」，當忍耐超出限度時，就用「堪忍袋的束帶斷掉了」來表示。到了現代，人們經常為了小事就暴怒，因此這句慣用語中的**「斷掉***」**，在日文中就成為發飆的意思。「發飆」意指突然震怒，並且以暴力相向，或是出言不遜的狀態，這樣的情緒就稱為**「暴怒反應」**。

發飆時的「暴怒反應」可以分成兩種型態。一種是**因為某些小事，就衝動地對人拳打腳踢，施以暴行**，這種情況稱為**急性暴怒反應**。對站務人員暴力相向的人，就是屬於這種類型。他們通常都具有性情急躁且易怒、情緒不穩定、感到自卑和被害妄想的傾向。另外一種是**內心長時間累積壓力，直到超過臨界值***，**一口氣爆發的情況，稱為鬱積暴怒反應**。怒氣爆發的起點，可能是一些微不足道的小事，只是從過去鬱積至今的壓力超出界限，因而一次展現出來。舉例來說，平常總是受到上司責難的人，在一次看似並不嚴重的斥責時，卻因為已超出他容忍的限度，致使他出手毆打上司。這類累積過多壓力的人，大多個性認真、無法表達自己的主張，同時也不知道該如何消除壓力。

現代人愈來愈重視溝通能力，有些人不擅長此

***斷掉**　關於這個形容詞的由來，有此一說，由於情緒激動而盛怒時，額頭冒出青筋（靜脈）的狀態，令人覺得似乎「血管即將斷裂」，因而在日文衍生以「斷掉」來描述暴怒。

道，就容易引起問題。倘若能夠順利表達自己的主張，或是找朋友吐苦水，藉以紓壓，就不會在心裡累積太多壓力，而在某天忍不住爆發。

「年輕人易怒」是真的嗎？

一講到「發飆」，人們很容易聯想到少年或年輕人。二〇〇〇年左右，日本相繼發生數起凶殺案，都是由十七歲左右的少年所為，**「愛發飆的十七歲」**頓時成為廣為流傳的一句話。然而，**最近不管是哪個年齡層，「發飆」的人數都有增加的趨勢**。

舉例來說，因溺愛孩子而蠻不講理的雙親，就稱為「恐龍家長」，還有易怒的年長者，人們稱做「暴走老人」，在職場上不管是新進員工或是中堅社員，也都會突然發飆，由此可見，這樣的行為與年齡無關。

特別值得一提的是，急性暴怒反應這類「發飆」的原因，像是在醫院等待過久、塞車、公車遲遲不來或無法向前開、朋友間不當的玩笑話等，幾乎都是稍微保持「理性」，就能忍下來的事情。

犯罪筆記　「愛發飆的十七歲」形成「年輕人易怒」的印象

一九九八年，栃木縣發生一起女教師遭殺害的事件。犯人是名年僅十三歲的國中生，因為受到女教師斥責，一時情緒激動，持蝴蝶刀刺殺女教師致死。經過這起事件，承上所述，日文的「斷掉」就成為發飆的代名詞。

另外在二〇〇〇年五月，一名十七歲少年在豐川市犯下殺害主婦的凶殺案；同月份發生西鐵巴士劫持案件；六月份在岡山使用金屬棒殺害母親的犯人，也是十七歲少年；七月時，山口縣十六歲少年殺害母親；八月時，十五歲的少年犯下大分一家六口殺害案件。因為上述案件，世間出現「愛發飆的十七歲」和「無理由犯罪世代」這兩個詞彙。「十七歲」一詞，也成為二〇〇〇年流行語大賞的候選語之一。

＊**臨界值**　生理學和心理學經常使用的詞彙，意指某種界限的數值。造成情緒興奮的最小能量值，在電子回路中代表臨界電壓，另外在放射線與毒物領域也經常使用。

10 暴力影片和遊戲是犯罪的誘因嗎？

有些加害人確實是受到電影和遊戲影響，或模仿其中的犯案情節。

觀察學習——暴力影片帶來的影響

二〇〇〇年，日本上映了一部電影《**大逃殺**》，海報上文宣寫著「**欸，你殺過朋友嗎？**」，原作（高見廣春的同名小說）的書腰也寫著「四十二名國中生無一倖免」，故事內容就是國中生自相殘殺。由於該作品對國中生帶來不良影響，引起相關單位關注，並發起抵制運動。

實際上，二〇〇四年發生的**佐世保小六女學生殺人事件**＊，加害者就是一名小學六年級女學生，她從三年級起，就對該小說十分著迷，事件發生之前也租借了電影ＤＶＤ。

美國心理學者**班度拉**（Albert Bandura）做過一個實驗，讓兒童觀看大人（榜樣）對人偶施暴的影片，同時準備三種不同的結局，分別記錄兒童看完後的反應：

①施暴的榜樣獲得報酬（獎勵）。

②施暴的榜樣遭到斥責。

③施暴的榜樣未受到懲罰或報酬。

之後，觀察這三組兒童的行為，看了影片①的兒童，看似具有暴力傾向（特別是男孩子）。

也就是說，這個實驗可以證明，看過讚賞暴力行為影片的兒童，確實會模仿施暴的行動。這種情況稱為**觀察學習（模仿）**。

另一方面，有些學者認為暴力影片並不會促使人們犯罪。這樣的說法，是因為看了暴力影片之後，

（↘承左頁）加害的女學生供稱，犯案前晚她看了一部電視連續劇，並模仿其中使用美工刀殺人的劇情。之後，電視台實施自我約束，不再播放有殺人情節的連續劇。

內心的暴力需求會得到替代滿足，這種現象稱為**「心理淨化作用」**。

特別值得一提的是，具有**暴力表現的遊戲**，因為遊戲中有得分的機制，並且可以進入下一個關卡，更加提高人們的攻擊慾望。

這種類型的遊戲就像迷幻藥一般，讓人們為之著迷。如果能夠自我克制，一天只玩一個小時，並不會造成太大的影響，但不少人會徹夜不眠，連續十幾個小時都沉迷在遊戲中。

暴力場景誘發的犯罪

充滿暴力情節的電影或遊戲，可能誘使人們犯下凶殘的犯罪事件，這個說法經常引發議論。

觀察學習

吸收暴力或殺人情節的資訊，成為學習的行動樣板。

↓

壓力、焦躁

↓

藉由暴力行為來平復情緒

沉迷於暴力遊戲

自己操作角色打倒敵人

獲得積分後更加熱衷

容易受到遊戲影響

＊佐世保小六女學生殺人事件　佐世保市某小學六年級的女學生，在上午課程結束後，將同班女同學叫到自習教室，強迫她坐在地板上，接著用美工刀割斷脖子將她殺害。（↗接右頁）

11 不經思考的模仿犯和卑劣的愉快犯

模仿犯因為不經思考而遭到逮捕，愉快犯引起世間的紛亂。

模仿犯從來不考慮結果

模仿也是上一節提到**觀察學習**的一種。有些藝人會利用模仿做為自己的搞笑橋段，一般人看到流行的穿搭，自己跟著打扮成相同風格，這也是一種模仿。通常**模仿犯罪只是遵照別人的做法，完全沒有思考過犯罪的結果**。一九八四年發生的**固力果森永事件**（▶▶一九六頁），一開始是江崎固力果公司的社長遭到綁架，並要求家屬支付贖金，接著森永製菓等食品企業，相繼受到脅迫，犯人自稱**「怪人二十一面相」**，挑戰司法公權力，引起世間恐慌。在這起事件之後，**有些人模仿「怪人二十一面相」去威脅食品企業，共計發生三十一件恐嚇犯罪**，但所有犯人都被警方逮捕（倒是帶起歪風的固力果森永事件，最終仍未破案）。結果，這個事件引發的模仿犯罪高達四百四十四件，其中還包括小學生想要任天堂遊戲機*，異想天開去恐嚇企業。

一九九八年，和歌山市發生**毒咖哩事件**之後，也引起**一連串的毒物混入事件**。我們或許可以說，這些事件經過媒體渲染，部分的人才想到「原來可以這麼做」，**原本潛藏在心裡的殺意及犯意，也因此轉化成付諸行動的助力**。同時，如果最初的犯罪順利得逞，模仿犯通常也會認為「我一定也辦得到」。但是，**想法愈是單純的模仿犯，就愈快被警方逮捕**。

以世人狼狽模樣為樂的愉快犯

***任天堂遊戲機**　一九八三年任天堂發售的家用遊戲機，一九八五年因發行「超級瑪利歐兄弟」遊戲軟體而大受歡迎。

「愉快犯」意指在暗中觀察人們或整個社會陷入恐慌、不知所措的模樣，以此為樂的犯人。先前提到模仿固力果森永事件的犯人當中，或許也有愉快犯存在。

「愉快犯」這個詞彙，源自一九七七年在東京、大阪發生的**氫氰酸可樂無差別殺人事件**。第一起事件發生在一月四日，一名高中男學生在品川車站附近的公共電話亭，撿到一瓶未開封的可樂，帶回家喝下之後，因為氫氰酸中毒而身亡。同一天，在上述事件公共電話亭附近，另一座紅色投幣式公共電話（譯註：不同於公共電話亭，這種電話設置於商店或咖啡廳等店家）旁，也放了一瓶加入氫氰酸的可樂，一名作業員喝下後，中毒身亡。一個月後，在大阪發生第三起事件。之後又相繼發生第四、第五起事件，這幾起事件當中不知道有什麼關聯，同時，也還未逮捕到犯人。

到底犯人是偶然取得毒物，利用這種方式來做實驗，或是因為平日過度積鬱，以扭曲的形式來發洩，至今仍無從得知。倘若是「愉快犯」所為，**犯人肯定躲在暗處，看著世間為此驚慌失措的模樣，暗自竊笑。**

犯罪筆記

和歌山毒咖哩事件，重創咖哩在消費者心中的形象

一九九八年七月二十五日，和歌山市各區舉辦夏日祭典時，提供參與者咖哩餐點，結果造成六十七人腹痛、嘔吐，送到醫院之後，其中四人死亡。一開始以為是食物中毒，之後發現咖哩中摻入了亞砷酸（砒霜）。警方調查結果顯示，名為林真須美的女性，為了殺害男性友人以詐取保險金，才在咖哩中摻入亞砷酸，最後以謀殺罪將之逮捕。經過法院審判，在沒有直接證據，並且還未明確了解動機的情況下，就判處死刑定讞。

這個事件重創咖哩在消費者心中的形象，電視上不再播出咖哩的廣告，動畫中如果有咖哩出現的情節，那一集也會取消播出，各地夏季祭典也不再供餐。

13 為什麼犯罪者多為男性？

男性犯罪者占壓倒性多數，但女性犯罪者也逐漸增加。

男性具攻擊性，女性較為被動

每天我們都會看到犯罪相關的報導，而**犯人（嫌疑人）以男性占壓倒性的多數**。實際上，二〇一一年，日本檢察機關起訴的**一般刑事犯**（▶二二四頁），總數約有三十萬人，其中男性約為二十四萬人，占犯罪人數整體的八成。這樣的比例，並非該年度較為特殊，在任何時代，男性犯罪率一直都居高不下。為什麼犯罪者大多是男性呢？

這是因為**男女天生身體構造與性格就不相同**。首先，從身體外觀來看，**女性明顯就比男性柔弱**，不**擅長從事暴力行為**。這也是為什麼性犯罪和無差別殺人等犯罪事件，女性大多會成為被害人。

再者，一般來說，女性在家裡的時間比男性多，犯罪機會自然也比男性少。況且即使女性犯罪，社會和媒體也容易抱以寬容的態度來對待，因此更加凸顯出男性犯罪率較高的印象。

女性犯罪者也逐漸增加

另一方面，特定的犯罪事件中，女性犯人（嫌疑人）會比男性還多。其中一個例子就是**殺嬰案**＊。**日本近年來，因為育兒引起精神疾病，進而殺害孩子和丈夫，或是虐待兒童的女性急遽增加**。同時，檢察機關起訴的竊盜案當中，約有八成都是女性犯案，其中店內行竊又占了八成。店內行竊的犯罪者，男女人數並無太大差距。

＊**殺嬰案**　根據統計，此類案件受害對象為未滿一足歲的嬰兒。日文中亦稱為「綠兒」。古時候大寶律令稱呼三歲以下的男女嬰為「綠」。

男女犯罪大不同

犯罪者以男性占壓倒性多數，但近年來，殺害、虐待孩子的女性犯罪事件也有增加的趨勢。

日本一般刑事犯公訴人數（罪名與性別統計）（二〇一一年）

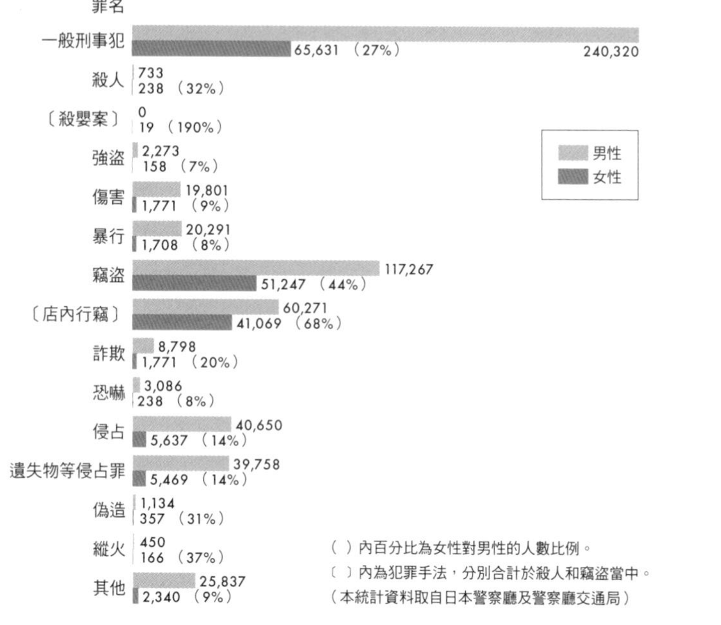

女性犯罪者較多的案件

● 店內行竊

● 因育兒引起精神疾病，進而殺害、虐待兒童

14 高齡犯罪者有增加的趨勢

身體硬朗的高齡者與孤獨窮困的高齡者，都是犯罪傾向增加的族群。

超高齡社會衍生犯罪問題

日本的高齡者人口增加，截至二〇一二年，高齡化比例已經達到百分之二四・一。也就是說每四個人就有一人超過六十五歲。六十五歲以上的**高齡者犯罪有增加的趨勢**。其中犯罪的種類以**店內行竊等竊盜罪占六成**，暴力與傷害等暴行犯、殺人與強盜等重大犯罪，同樣也是逐漸增加（見左圖）。

高齡者犯下的**性犯罪也在持續增加**。根據媒體報導，跟蹤與騷擾案件當中，犯人是高齡者的情況也不罕見。總之，高齡者人數愈是增加，相對的，高齡者成為犯罪者的比例也跟著提高，即使說高齡化社會儼然成為犯罪世界也不為過。

現代社會大多由核心家庭組成，高齡者世代獨居的情況也隨之增加，這些獨居高齡者與地區的交流關係非常薄弱，愈來愈多人在生活中感到孤獨，並且沒有歸屬感。其中不少人因為經濟貧困，在不得已的情況下，只好下手行竊。

高齡者成為重大刑案的主嫌

有一些重大刑案特別引起社會關注，諸如**因為長期照護，飽受壓力而殺害另一半，或是高齡者友人之間，因為男女關係引起糾紛**，進而引發殺人事件。如今超高齡社會已是現實狀況，隨著經濟、福祉等問題浮現，有些老人即使年齡增長，但身體仍舊硬朗，也帶來高齡者犯罪人數增加的隱憂。

＊**高齡化比例**　意指相對於總人口，六十五歲以上高齡者所占的比例。一般來說，高齡化比例達到百分之七～一四，即稱為高齡化社會；百分之一四～二一為高齡社會；超過百分之二一為超高齡社會。

高齡者犯罪狀況與犯罪背景

二〇一二年，日本檢察機關起訴六十五歲以上被告的人數，占總體的百分之一七，而且還有增加的趨勢。以下針對此現象，分析其生成背景。

日本一般刑事犯被告人數的年齡層推移（一九九三～二〇一二年）

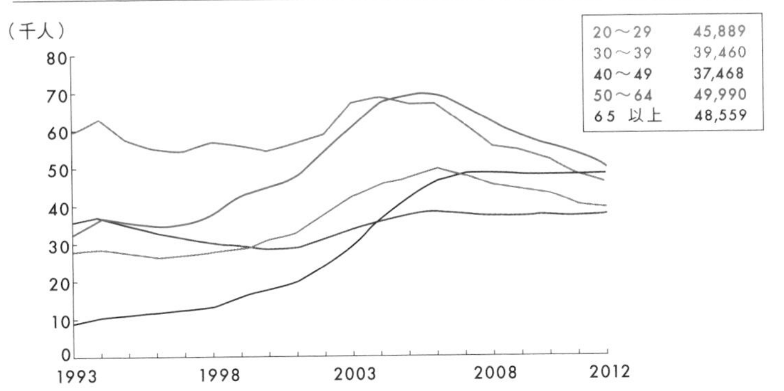

日本一般刑事犯當中，高齡者被告人數與罪名構成比（二〇一二年）

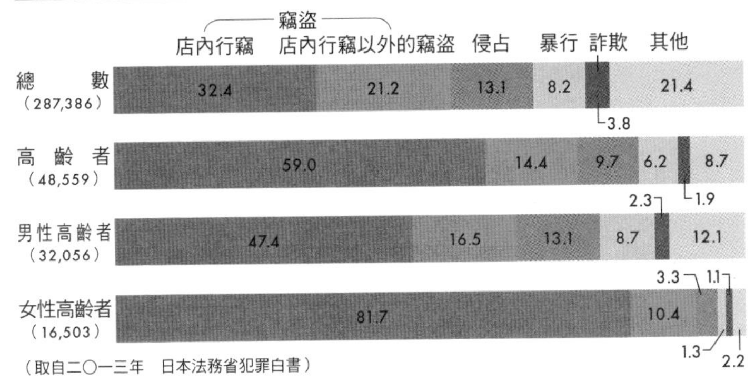

（取自二〇一三年　日本法務省犯罪白書）

高齡者犯罪增加的背景

- 判斷力低落（失智症等）
- 經濟貧困者增加
- 社會性孤立
- 與家族分居帶來的孤獨感
- 老老照護衍生的問題

TOPICS 2

放任不理的破窗情形，是輕微犯罪的溫床

假設有一台腳踏車棄置於路邊，周遭就會出現愈來愈多廢棄腳踏車，或者地上有一個菸蒂，就有愈來愈多人會在那個地方亂丟菸蒂。也就是說，放任一項違反秩序的行為不管，就會助長該地區形成無秩序的氣氛。

美國犯罪學者凱林（George L. Kelling）提出「破窗理論」，意即「假設某棟建築物有一扇窗戶破掉，放任不管的話，就代表沒有人管理這棟建築，接下來其他窗戶也會遭到破壞」。也就是說，放任一扇破窗存在↓代表沒人在意這扇窗戶，所以打破其他窗戶也無妨↓打破窗戶不會有太大的罪惡感↓其他窗戶也被打破↓沒有人關心該地的變化↓該地成為輕微犯罪的溫床↓最後可能發生重大刑案，這就是破窗理論的原理。

也就是說，一扇破窗可能形成容易發生犯罪的環境。一旦頻繁發生輕微的犯罪，危機意識較高的居民就會開始搬離該地區，同時也容易吸引其他地區的犯罪者前來聚集。為了防範城市因犯罪而荒廢，或許應該防微杜漸，不能放任「一扇破窗」持續存在。總之，在警察大動作取締之前，該地居民（當事人）更應該提高預防犯罪的意識。

第 2 章

殺意與殺人事件的發生原因

01 殺人事件的五種類型

殺人動機大多是憤怒、怨恨、異性關係，每個人心中都潛藏著殺意。

日本的殺人犯幾乎全數移送檢察機關

殺人可以說是引起世間極大騷動的一種犯罪。發生在日本的殺人事件，二〇一三年的**認知件數**＊是九百三十八件，其中**舉發件數**＊為九百五十件，檢舉率高達百分之一〇一．三（根據二〇一四年警察廳調查），認知件數、舉發件數與移送人數有減少的傾向，送檢率一直維持在極高比例。

在這些殺人事件的舉發件數中，從嫌疑人和被害人的關係來看，自二〇〇三年以來，親屬間犯下的案件持續增加，截至二〇一二年，殺人事件中有半數以上出自親屬之手，其中約四成是配偶犯案。

殺人動機以「憤怒」（百分之四三．四）最多，其次是「怨恨」（百分之一五．八，▼六四頁），接著是「動機不明」和「異常酩酊和精神障礙等」。近年來，因「疲於長期照護」（▼七〇頁）導致的案件也在增加中（取自二〇一一年警察廳調查）。

亨悌提出的殺人類型

針對殺人犯罪心理，學界發表了許多研究報告，其中以德國犯罪學學者**亨悌**＊提出的「殺人分類」最為有名。亨悌將殺人事件分為五類，分別是**①利益殺人**、**②隱蔽殺人**、**③衝突殺人**、**④性慾殺人**、**⑤不定型族群**（見左圖）。世間普遍認為，殺人是所有犯罪中，最不人道的一項犯罪，然而，由上述分類可以發現，或許每個人心中都潛藏著殺意。

＊**認知件數、舉發件數**　認知件數意指警方認定的犯罪事件件數。舉發件數為警方確認為刑法犯，移送檢察機關的案件件數，其中包括破案件數。

殺人的五種類型

亨悌針對犯罪心理所做的研究中，將殺人情境分為五類。

類型 1 利益殺人

以奪取金錢財物為目的而殺人，強盜殺人是典型的案例。其他還有催討債務引發的殺人事件，以營利為目的的綁架殺人也包含在內。

類型 2 隱蔽殺人

因為某項犯罪遭到目擊，為了封口而殺人。例如侵入民宅行竊時，不巧碰上住戶而將之殺害，殺害共犯或強暴後殺人也包含在內。

類型 3 衝突殺人

因憎恨和嫉妒等精神上的衝突，演變成殺人事件。例如「怨恨」和「痴情糾纏」等，這類案件大多發生在親近的人際關係之中。

類型 4 性慾殺人

為了滿足性慾上的快感而犯下殺人案件，這類犯人認為強暴後殺害對方，才是完整的性行為。另外也包含 SM 性行為中，失手殺害對方的情況。

類型 5 不定型族群

①～④以外的殺人案件，例如精神疾病患者或政治犯引起的殺人事件。

＊**亨悌**　最先關注犯罪被害人的學者，研究犯罪加害人與被害人之間的人際關係，提倡被害者學的概念。以近親相姦、親屬殺人、詐欺、傷害、強盜事件的統計與事例為基礎進行調查。

02 為什麼會萌生殺人的恨意？

恨意增長到一定程度，理性的克制力失去作用，最終導致殺人。

每個人都懷有引發殺意的情感

殺人是絕對不能犯的重罪，幾乎所有人都明白這個道理，但是為什麼還是有人明知故犯呢？

殺人的原因，出自於當事人抱持強烈的情緒，想讓對方從這世上消失。

人們可能認為這樣的情緒並不尋常，但**其實任何人心裡都有殺意**。實際上，就算我們沒有殺人的想法，但心裡多少想過「要是沒有那傢伙就好了」，這樣的想法其實跟殺意相同。

人們沒有出手殺人，主要是因為「不想成為加害人」、「不想給身邊的人添麻煩」，心裡這樣的想法克制了情緒上的衝動。

愛與厭惡轉變成恨意

殺人的動機形形色色，其中最常見的情況就是**怨恨殺人**。像是戀人突然提出分手，憤而殺了對方，或是借錢遭到拒絕，一時惱羞成怒殺害對方，這樣的案例我們都時有耳聞。如上所述，**愛意與厭惡的情緒，有時候會轉變成強烈的恨意***，**導致人們犯下殺人案件**。

各種情感轉變成強烈的恨意，原因可能因人而異，其中一項是**「依賴」**。「依賴」說穿了就是指對某人**「撒嬌」**。也就是說，當人們想**向某人撒嬌（依賴）**，**卻遭到對方拒絕時**，**心裡的愛意與厭惡就轉變成強烈的恨意**。

* **恨意**　精神分析學者佛洛伊德指出，幼年時期從雙親身上沒有得到足夠親情的人，成年後若遭到拒絕，就會為此受到嚴重打擊，並產生極端的情緒（恨意的根源）。

恐懼與強迫症產生的殺意

「**恐懼**」也會化為強烈的恨意。舉例來說，職場上優秀的員工，最後變成殺人事件的兇手，刑事劇裡經常可以看到這種劇情。加害人一直害怕自己的地位不保，於是打算排除被害人帶來的威脅，隨後心裡產生莫名的敵意，一口氣轉變成恨意，結果終究出手殺害對方。簡單來說，**就是覺得地位受到威脅，其實只是自己的妄想和鑽牛角尖，最後演變成殺人事件**。

順帶一提，這種情況下，加害人對被害人內心想法的揣測，其實大多是自己的想法，這樣的心態在心理學上，就稱為投射性認同*。

另一方面，有時候強迫症也會衍生恨意。強迫症是因為腦中揮之不去的想法、衝動和印象等因素，造成不安、恐懼及不悅的狀態，又稱為強迫性神經症。

犯罪筆記

對他人的意圖感到憤怒，容易引發不必要的報復心理

假設某天走在路上，突然被潑了一身水，各位會有什麼反應呢？端看對方是不小心，或是故意潑出一桶水，心裡的感受也不一樣吧。在這種無傷大雅的情況下，人們較不在意實際受到的傷害，倒是對於對方的意圖反應更為敏感。因此，要是知道對方出自故意，即使受害程度不高，也會對其意圖感到深刻的憤怒與強烈的恨意。

古巴比倫的漢摩拉比法典記載：「以牙還牙、以眼還眼」。表面上看起來是鼓勵人們對加害者施以相同傷害（報復），其實是暗喻人們在報復之際不能過於野蠻。

然而，當人們感到憤怒與恨意的焦點，並非實際受害的程度，而是加害人的意圖，通常很容易做出不必要的報復行為。

＊**投射性認同**　將自己對他人抱持的情緒，誤認為是他人對自己的看法。當內心出現不適當的慾望或想法時，藉由轉嫁到他人身上來平復自己的情緒，這種人通常具有強烈的被害意識。

盛怒之下，失手殺人的原因

一再忍讓的人，超出容忍的界限時，可能因為一句話而殺人。

瞬間的情緒反應，並不會導致殺人

在會議或社團活動中，對某人的言行感到憤怒不已，相信許多人都有過這樣的經驗。對於這樣的情況，每個人的反應各有不同，有些人會瞪著對方，有些人會提出反駁。無論如何，一般人不會因為瞬間的情緒反應就去殺人。

然而，有些案例指出，**平常溫文儒雅的人，可能因為一時的情緒反應，出手將他人痛毆致死**。

A君是剛踏入社會一年的新鮮人，最近離鄉背景展開獨居生活。他一直很在意住在左邊的鄰居，平常音樂開得很大聲，或是跟朋友吵鬧喧譁。即使是深夜也不收斂的生活態度，長久以來一直打擾A君的睡眠。某天，A君的大學友人來訪，久別重逢，聊得正起勁時，玄關傳來激烈的敲門聲。開門之後，只見左邊的鄰居B君橫眉豎目，痛聲喝斥：「你們很吵耶，當別人都不用睡覺嗎？」

這句話惹惱了A君，使他失去理智，一把按住B君的脖子，將他活活掐死。數小時之後，A君恢復正常，才發現自己坐在警局裡的偵查室。

A君表示自己撲上去抓住對方之後，就不記得任何事情了。這種**失去意識，並且遺忘某段記憶的狀態，稱為暫時性失憶**＊。

盛怒引起的暫時性失憶

暫時性失憶，如字面解釋，就是**一時之間喪失記**

＊**暫時性失憶**　飲酒過度而失去記憶，也是一種暫時性失憶。這種現象的發生原因，是海馬迴（管理記憶的地方）的神經生理機制，受到化學反應影響而陷入混亂狀態。

憶，而在盛怒之下，失去理智，錯手殺人時，很可能也會引起暫時性失憶。即使如此，盛怒與殺人到底有什麼直接關係呢？

從上述例子我們可以看出，**當時A君剛好已經忍耐到極限，而B君那句話，正好成為導火線，使得A君達到爆發的臨界點，心中的理智也因此斷線。**這種情況下，B君所說的那句話，就類似**「壓垮駱駝的最後一根稻草」**。

一句話招致嚴重的後果

當一個人的精神狀態處於忍耐的極限之際，可能因為一句話而情緒爆發。這個時候，他會失去理智，陷入暫時性失憶並出手殺人。

1 一再忍耐鄰居發出的噪音

2 久未見面的友人來訪，相談甚歡

3 鄰房的男性跑來怒斥

4 失去理智，撲上前去

多起殺人事件出自近親之手

日本經常發生夫妻間的殺人、弒親、殺子等近親相殺的案件。

配偶之間互相殘殺的案件最多

殺人事件之中，被害人與加害人的關係，以親屬之間的犯罪占最多數。二〇一二年統計指出，移送檢察機關起訴的殺人事件中，被害人與嫌疑人有親屬關係的件數，占全體百分之五三．五（取自日本警察廳調查）。也就是說，半數以上的殺人事件，出自於親屬之手。

在親屬殺人的事件中，又**以配偶互相殘殺的事件占最多數**。親屬殺人事件共四百七十三件，其中一百五十三件是配偶所為，弒親為一百三十七件，殺子為一百一十四件，兄弟姊妹間的凶殺案為四十二件。

無法忍受家庭暴力，犯下殺子案件

雙親殺害孩子的事件中，最叫人感到痛心的情況，就是因為長期受到孩子激烈的家庭暴力，已經無法忍受了，於是父親或是母親親手殺害孩子。這樣的案例，一再發生，其原因十分複雜。從表面上來看，**直接的起因是受到孩子家暴，但詳細追究後會發現，其實是父母親種下的遠因**。

在某些案例中，父母親都是高學歷，擁有極高的社會地位，他們極度重視教育，卻對孩子施加過多壓力，孩子不堪負荷，爆發成家庭暴力，之後雙親承受不住孩子的暴力相向，進而殺害孩子。

父母親認為自己所做的一切，都是為了孩子好的

＊**支配**　心理學中，期望管理他人的慾求稱為支配慾。相對的，期望遵循他人或集團的指示，以確保內心安定的情況，則稱為從屬慾（服從需求）。

愛的表現，卻沒想到這麼做，只是**把自己的期望強加在孩子身上**，說穿了只是透過**支配***孩子來滿足私慾。

殺子事件大多是女性所為

從犯罪執行者的性別來看，男性是女性的四倍（店內行竊是例外），而殺人案的兇手也是男性多於女性。然而，夫妻間的殺人事件，近年來，男女人數幾乎相等。

殺子事件的犯人大多是女性，其中殺嬰案（➡五六頁）幾乎都是女性所為。

女性殺害孩子或是家人的案件，**或許可說是心理承受過大壓力造成的結果**。殺害丈夫的案件中，多數是受到丈夫的家庭暴力（DV，➡一二四頁）所苦，最後覺得「束手無策」，只好痛下殺手。

孩子殺害雙親的原因

孩子殺害雙親的案件中，有些人是為了逃離雙親的暴力或壓迫，也有些人想獨立生活卻受到雙親阻撓，原因可能因人而異，但是每一件個案彷彿都訴說著孩子的悲慘遭遇。

犯罪筆記

惡母與慈母的印象，影響孩子一生

孩子從襁褓時期，無論結果好壞，都受到母親極大的影響。舉例來說，當孩子哭泣時，母親有時候扮演惡母*（Bad mother），絕對不餵他喝母乳，有時候又扮演慈母（Good mother），讓他盡情喝夠母乳。

此時幼小的孩子記憶中，會將惡母與慈母認定為兩個人，但隨著年紀增長，會開始了解這兩個人都是自己的母親。然而，如果對惡母的記憶太過強烈，長大之後，在本人毫無察覺的情況下，會對母親和父親抱持著恐懼與憎恨的情感。

＊**惡母**　奧地利精神分析學者梅蘭妮．克萊恩（Melanie Klein，一八八二～一九六〇）研究指出，襁褓時期的孩子，意識裡會將母親認知為惡母與慈母兩個不同人物。

二〇〇五年，東京發生一起**板橋區弒親事件**，當時十五歲的長男，手持啞鈴毆打身為宿舍管理員的父親，再用菜刀將他殺害。隨後又刺殺母親，並且設好定時點火裝置，在宿舍裡引爆瓦斯。犯下這起駭人聽聞案件的少年，在周遭親友的眼中，是個**有禮貌的好孩子**。

遭到逮捕之後，少年供稱，因為受到父親責罵「頭腦不好」，長久以來一直得不到父親的認同。這起事件的起因，或許**是由於親子關係薄弱，使孩子無法感受到雙親的愛**。反過來也可以說，少年**心中十分渴望親情**。

另外，他一直扮演著「有禮貌的好孩子」，所以也無法向雙親清楚說明自己的想法，只好**一直壓抑情緒，最後造成各種心理層面的問題**。

孩子可能與雙親關係疏遠，或是對雙親感到厭惡，同時也接受雙親照顧，得到雙親的關愛。總之，孩子的心中，「壞雙親的印象」（**惡母**）與「好雙親的印象」（**慈母**），一直都在不停交替存在、融合。然而，如果融合的過程不順利，**只有惡母的形象不斷膨脹的話，最後可能引發弒親的衝動**。

疲於長期照護引發的殺人事件愈來愈多

近年來，因為**疲於長期照護引發的殺人事件**愈來愈多。**「老老照護*」**已經不是罕見的狀況。舉例來說，有一件案例是九十六歲的丈夫，奉獻身心照護妻子，最後還是殺害九十一歲的妻子。這個案件的背景，是**雙親與孩子沒有來往，丈夫的身心負擔愈來愈重，而且「如果我先死掉，誰來照顧妻子」這樣的想法**，將他的精神狀態逼至極限。

另外，有些殺人事件起因是**「老障照護*」**，年邁的雙親長期照顧身心障礙的孩子，擔心自己死後沒人能繼續照顧他，最後只好殺了孩子。這些現狀發生的問題，都需要政府推動完善的方針與計畫來尋求解決。

＊**老老照護**　高齡者逼不得已必須照護高齡者的情況。高齡者互相照護，發生雙方都病倒或是一同自殺的可能性極高，目前已然形成社會問題。

發生於家族成員之間的各種情結

情結，意指封存於潛意識之中的意識、情感、願望和思想等集合體，有時會因為外界的刺激而復甦。有些情結只會發生在家族成員之間，而可能演變成殺人事件。

伊底帕斯情結

兒子對父親抱持殺意

佛洛伊德借用希臘神話伊底帕斯的故事來命名，意指三至五歲的男孩在無意識間，對母親這位異性抱持男女之愛的情感，同時對於身為同性的父親，會產生敵視心理。另一方面，父親也是尊敬的對象，因此又愛又恨的情感共存於心中。

實際上，任何男性都有過一、兩次，無意義地反抗父親，有時甚至會對其產生恨意的經驗，這就是伊底帕斯情結帶來的影響。

一般來說，這樣的情結並不至於引發弒親，但有時候對母親的愛意無法消解，或是因為某種緣故對父親的憎恨過度膨脹，最後也可能演變成弒父案件。

該隱情結

兄弟之間產生殺意

發生於兄弟之間的憎恨或嫉妒的心理衝突，稱為該隱情結。該隱是舊約聖經中亞當與夏娃的兒子，因為對弟弟亞伯抱持執念，最後終將其殺害，心理學學者榮格（Carl Gustav Jung）便以這段典故命名。

每個人都經歷過兄弟姊妹之間的爭執，通常在成長的過程中，漸漸學會如何面對這樣的糾紛。但是，最近因為生活環境與家庭關係的變化，造成人們抗壓力低落，兄弟姊妹間心裡的憎惡感，可能隨著年紀增長愈發強烈。

＊**老障照護**　年老的雙親照護患有身心障礙的孩子，由於無法放心將孩子委託給第三方照顧，經濟、體力和精神各方面都處於緊繃的狀態，仍舊持續照護，這樣的個案愈來愈多。

05 連續殺人與大量殺人

連續殺人的目的就是殺害他人；大量殺人是想報復社會。

連續殺人幾乎**可以從殺害方法和處理遺體的情況，得知犯人都具有某種堅持**。

在日本號稱「獵奇的殺人事件」的宮崎勤事件和酒鬼薔薇事件，都可歸類為連續殺人事件（➡二四三頁）。

說到快樂殺人這種類型，德國犯罪精神醫學界曾提出**「血之酩酊[*]」**這樣的比喻，意思是說最初殺人見血時，從中獲得某種興奮的感覺，因此開始接二連三殺害他人，結果就演變成連續殺人事件。

這種情況的心理狀態，會記得最初殺人時的情況，第二次之後的記憶會變得曖昧不清，最後甚至完全不記得殺人當下。

連續殺人犯內心各有各的堅持

殺人的案件也分成許多種類，一名或是少數加害人，殺害多數他人的情況，稱為**連續殺人**或**大量殺人**。

連續殺人意指在特定期間內，重複不斷殺人。而每一起事件會有一定的間隔，稱為**冷卻期間**。

這樣的殺人事件，不同於因怨恨或嫉妒等精神上的衝突導致**衝突殺人**，或是以奪取財物為目的的**利益殺人**，犯人的主要目的就是殺人。從這一點來看，可以理解到這種型態的案件，也可以說是**快樂殺人**（➡七六頁）的一類（殺人的五種分類，➡六二頁）。

＊**血之酩酊**　一開始是因為憎恨或復仇等動機殺害他人，但看到大量血液卻產生興奮的感覺，之後就像著了迷似地重複殺人。

因憤怒或復仇心理而大量殺人

另一方面，**大量殺人意指一次殺害許多人**的案例，犯案動機大多是因為**憤怒或復仇心理**。犯案的地點大多是公司或學校，加害人會選擇與自己有直接關係的人下手，但有時候也會殺害毫無關係的陌生人。

研究指出，大量殺人的犯人，在做案前都有類似的遭遇。首先，犯人平常總是飽受挫折或深感絕望，特別是事件發生前，都會面臨極度絕望的情況，因而種下殺機。

同時，**這種人總會把人生中遭遇到的不幸，全都歸咎於社會、學校、公司和附近的居民**。而且這類犯人都有自殺傾向*，卻又不甘心一個人死去，於是想到這個社會將自己逼上絕境，因而決定展開報復。

犯罪筆記

自殺之前大量殺人，只為找人陪葬 前所未聞的殺戮——「津山事件」

日本犯罪史上，規模最大的大量殺人事件，是發生在岡山縣西加茂村（現為津山市）的津山事件。該事件的犯人是都井睦雄，自幼身體虛弱，足不出戶，漸漸養成自暴自棄的性格。十九歲那年，確診罹患肺結核，因而無法通過兵役體檢。都井為此失意不已，內心萌生異常的性慾，對於拒絕自己的女性，抱持著強烈的恨意。一九三八年（昭和十三年）五月二十一日深夜，犯人腰際插上一把日本刀和兩把短刀，準備了兩百發實彈和一把獵槍，隨後便犯下這起凶惡的罪行。他在一個半小時之間，襲擊了十二戶人家，不分老少，殘殺了三十人，其中還包括自己的祖母與鄰家母子等居民。之後，都井本人在山裡自殺。

因為遭受村人排擠，又染上不治之症，使得都井對村民的恨意一舉爆發，在自殺之前找了三十個人陪葬。推理作家橫溝正史，在日後以這個事件為基礎，寫下《八墓村》這部有名的小說。

＊自殺傾向　尋短的念頭，像是「活著很討厭」、「死得了的話，想死」的想法。憂鬱症進展到某種程度，就會產生自殺傾向。另外，「一心求死」是更加強烈的意念，覺得自己不得不死。

06 隨機殺人犯的心理——「沒有特定目標，就是想殺人」

隨機殺人犯總選在人潮聚集，並且會受到關注的地方行凶。

隨機殺人犯喜好在人潮聚集處做案

二〇〇八年，東京**秋葉原**發生了一起**隨機殺人事件***，造成七人死亡，十人輕重傷，隨機殺人事件亦即**無差別殺人傷害事件**，令眾人留下深刻印象。

此案的犯人是一名二十五歲男子，曾經是一家汽車工廠的派遣員工，遭到逮捕之後，他自述：**「生活過得太不順利」**、**「沒有特定目標，就是想殺人」**。如其所言，隨機殺人事件的特徵，就是沒有特定的對象，**將隨機遇到的多數人做為行凶目標**，受害人都是偶然經過的路人。警方定義，**隨機殺人事件的犯罪現場，必須是人們可以自由行走的地方**。同時，吸引周遭人們目光也是這類犯罪的特徵，這也正是秋葉原事件的犯人特地選定星期天，在購物遊客熙來攘往的行人徒步區犯案的原因。

動機出自「自殺傾向」

關於犯案動機，一般殺人事件都是以奪取財物或個人恩怨為目的，有特定的對象與明確的動機，但隨機殺人事件並沒有確切的動機，主要是當事人在出生環境、經驗和體驗當中，經歷各種衝突之後，心裡進而產生**自殺傾向（可能演變至擴大性自殺）**。

隨機殺人事件的犯人，幾乎都是單身並且沒有穩定的工作，而且**和家庭、地區等社會團體沒有**

***秋葉原隨機殺人事件**　犯人先是駕駛兩噸重的卡車，衝入秋葉原的十字路口，撞飛五個行人，接著下車用匕首殺傷經過的路人和警官。

交流，孤立於人群之外。或是幼年時期於失能家庭＊**中成長**，內心受到極深的傷害，即使長大成人之後，精神創傷仍舊沒有痊癒。因此，他們自卑感非常強烈，**執意認為「自己不被社會接受」，心裡抱持著強烈的憎惡感與恨意**。最後滿心憤怒無從發洩直至爆發，進而攻擊素昧平生的陌生人。秋葉原隨機殺人事件的犯人沒有固定的工作，換過許多工作。而且在職場、人際關係和人生各方面，都無法順心如意，焦慮和不滿的心情不斷累積，最後「對世間一切感到厭惡」，犯下凶殘的刑案。

隨機殺人的起因

隨機殺人犯的特徵就是沒有明確的殺人動機，而他們的共通點是與社會團體沒有交流，孤立於人群之外。

犯人的形象與生平

大多是二十多歲到四十多歲的男性。

在失能家庭長大，成長過程中遭受雙親遺棄或虐待，無法獲得愛與親情，心裡的創傷極深，直到成人時期都未治癒。

↓

- 沒有固定工作（一直換工作）
- 人生路上連續失敗

↓

孤立於社會團體之外

↓

- 自殺傾向→找人陪葬

＊**失能家庭**　也稱為失能家族。由美國社會心理學學者克勞迪亞．布雷克（Claudia Black）提出，意指無法發揮正常功能的家庭。幾乎處於崩壞狀態的家庭，雙親忽略孩子或加以虐待。

07 以殺人為樂的快樂殺人

性虐待癖好愈來愈激烈，甚至導致殺人。

快樂殺人與性虐待癖好的關係極深

世界上有些人會透過殺人獲得快感或滿足性慾，這種為了追求快樂而殺人的現象，稱為**快樂殺人**。不同於以金錢為目的的**利益殺人**，或是憎惡和嫉妒等原因造成的**怨恨殺人**（➡六四頁），這種類型的殺人犯，只殺一個人並不會就此滿足，通常會長時間重複殺害他人（**連續殺人**，➡七二頁）。

研究指出，快樂殺人與**性虐待癖好**有很深的關係，性虐待是一種性癖，這種行為本身並不是犯罪，不少人都有這項癖好。一般來說，這種人可以透過觀看暴力色情影片，或是暴力電影獲得滿足，極少數人不能以此得到快感，進而採取更激烈的手段，最後導致殺害他人。

另外，這些犯人都有典型的變化進程，首先是**幼年時期，以虐待或殺害小動物為樂**，直到無法從小動物身上獲得滿足，進而演變為殺害他人。

快樂殺人通常伴隨以下行為：慘不忍睹的**破壞屍體**（**殺人分屍**，➡七八頁）或**破壞性器官**，甚至有**吃人習慣**（**嗜食同類***）。因為藉由殺人得到性快感，有時候會一邊肢解屍體一邊自慰。

酒鬼薔薇事件與宮崎勤事件

酒鬼薔薇事件（➡二四三頁）的犯人酒鬼薔薇聖斗，在精神鑑定醫師提問下，這麼回答：「第一次勃起是小學五年級解剖青蛙的時候，國中一年級就

***嗜食同類** Cannibalism，意指人類食用他人的行為。一九八一年，一名在巴黎的日籍留學生，射殺女性友人後，姦淫屍體並吃下對方的肉（巴黎食人事件）。

想像自己肢解人體，狼吞虎嚥吃著內臟的情景，一邊自慰。」（《新潮45》刊載〈酒鬼薔薇無藥可救〉報導，撰文：一橋文哉）從這段描述可以看出，他在殺人的過程中，會達到性慾亢奮的狀態。精神科醫師稱這種情況為「性虐待癖好」。

宮崎勤事件（▶二四三頁）一案的犯人宮崎勤，因為強制猥褻嫌疑，以現行犯的身分遭到逮捕，隨後更揭發出一起連續誘拐女童殺人事件。本人供述，曾在焚燒女童屍體後，愛撫未燒盡的屍骨，使得本案的犯行更加駭人聽聞。審判中，犯人自述：「一切就像一場永遠不會醒的夢。」曾有學者如此分析，他心裡存在的性愛幻想對象並非成人女性，而是女童，同時，深愛屍體的程度更勝女童，錄下肢解屍體的過程，可以讓他從中獲得滿足。

幻想作用與快樂殺人

幼兒時期缺乏親情並遭受虐待，造成**精神創傷**＊的體驗，經過青春期對性的幻想，以及生理成熟帶來的性愉悅，反覆交錯的作用下，會形成一股**「幻想作用」**。無法分辨幻想世界與現實，或許就是快樂殺人的成因。

犯罪筆記　描述「幻想作用」的電影《沉默的羔羊》

一九九一年，榮獲奧斯卡獎的美國電影《沉默的羔羊》，內容描述連續獵奇殺人犯「水牛比爾」的故事，他在殺害年輕女性後，剝下人皮披在自己身上。劇中另一名罪犯漢尼拔．萊克特博士，殺人之後，會烹食被害人的內臟，人們稱之為「食人魔漢尼拔」。

相較於日本，美國發生快樂殺人的案件次數極高，上述的水牛比爾也是一名快樂殺人犯。我們或許可以說，他本人就是「幻想作用」創造出來的一頭怪物。

＊**精神創傷**　亦即心理上的創傷。佛洛伊德認為，人的內心和肉體一樣，遭受物理性外傷後，也會留下後遺症，過去心理層面受到傷害，會造成日後精神上的障礙。這種情況的「心理層面傷害」，就稱為「精神創傷」。

殘暴的殺人犯沒有良心嗎？

沒有惻隱之心的人，是犯下殘暴刑案的高危險群。

性格極端偏激的人

在各式各樣的犯罪報導中，**大量殺人**（▶七二頁）和**隨機殺人**（▶七四頁）是最教人感到強烈震撼的報導。其中，又以**殺人分屍***事件，特別讓人感到兇手殘忍的性格。殺害他人之後，進而肢解遺體，一般人光是想到就不寒而慄，到底犯下這類獵奇案件的兇手，心理狀態與常人有何不同？

世上有些人並未罹患精神疾病，但是他們的**性格極端偏激**。舉例來說，有些人只為了一點小事，就會情緒激動而且暴力相向，又或者對他人的言行特別敏感，過度反應，將任何事都怪罪在自己身上，這種情況即為**心理變態***。

雖然尚無研究可以明確指出，殺人分屍與心理變態有直接關聯，但學者懷疑兩者之間，勢必有一定的影響。

人格異常的定義

美國精神醫學會制定的精神病患診斷與統計手冊，一般稱為「**DSM**」，該手冊列舉的**人格異常**（Personality disorder），基本上和精神疾病的概念相同。

人格異常意指「當事人明顯背離所屬文化的期待，從青年時期或成人初期開始，長久以來處於一個無法改變的惡劣環境，所有生理體驗與行動，都持續造成痛苦反應和障礙」（《DSM-5 精神疾病

***殺人分屍**　殺害他人之後，將屍體肢解並銷毀，這麼做的目的，可能是為了掩飾犯罪，也可能是強烈的憎惡感所致。

各種人格異常的特徵

美國精神醫學會制定精神疾病的分類與診斷基準，名為「DSM-5」。DSM 原文為「Diagnostic and Statistical Manual of Mental Disorders（精神疾病診斷與統計手冊）」。

A 類型

明顯可看出異於常人

❶ 猜疑型／妄想型人格異常
不信任他人，具有強烈的猜疑心。

❷ 類精神分裂型人格異常
不擅交際，對他人不感興趣。

❸ 精神分裂型人格異常
無法和他人建立親密關係，行事作風和思考邏輯都異於常人。

B 類型

看似情緒激動、內心不安，反應像在演戲

❶ 反社會型人格異常
具反社會性格，特徵是個性衝動，做事不計後果。不會受到良心苛責。

❷ 自戀型人格異常
認定自己絕對比他人特別，態度傲慢又自大。

❸ 邊緣型人格異常
感情或人際關係處於不穩定的情況下，容易意氣用事。沉迷酒精或濫用藥物，開車橫衝直撞。

❹ 演技型人格異常
打扮華麗，只為吸引他人注意，言行舉止都像演戲。

C 類型

看起來經常覺得不安、恐懼

❶ 迴避型人格異常
害怕聽到自己的負面評價，極力避免與他人往來。

❷ 依賴型人格異常
依賴他人的傾向十分嚴重，自己無法做任何決定。

❸ 強迫型人格異常
完美主義、非常頑固、不知變通。

＊**心理變態**　心理變態的英語是Psychopathy，心理變態者是 Psychopath。研究指出，原因出自先天，因為腦部控制同理心運作的部位，功能較低落。

分類與診斷索引》，醫學書院發行）。總之，天生的性格與環境，都是影響一個人是否犯罪的重要因素，而造成影響的一項天生因素，就是人格異常或稱為心理變態。

「DSM-5」（▶七九頁）分為A、B、C三大類，各大類又細分為數個小類。從「DSM-5」分類特徵來看，殺人事件的犯人應該屬於B類型裡的**反社會型人格異常**。

反社會型人格異常的人，**對於侵害他人權利一事，並不感到愧疚，而且個性衝動，容易犯罪**。再者，**由於從來不會受到良心苛責，結果就一再犯下凶殘的案件**。

毫不在意他人和自己的感受

然而，針對精神病患的診斷基準，在DSM分類發表之前，德國精神科醫師**施奈德***提出的「精神疾病十種類型」，就已經廣泛為人使用（見左圖）。

由這個分類方式來看，獵奇犯罪的犯人，幾乎都是無情感型精神疾病患者。情感意指同情、憐憫、親近、體貼、同理、羞恥心等，都是人與人交流的情緒表現，也就是說，無情感型的人，無法感受正常人的心情。

因此，他們可以毫不在乎，做出一般人難以想像的殘忍行為。發生在**大阪池田市的大阪教育大學附屬池田小學兒童殺害事件***，就是無情感型精神疾病患者犯下刑案的實例。順帶一提，這類型的人**連自己的感受也毫不在意**。

另外在這十種類型當中，一到六型的人容易犯罪，而手段凶殘的犯罪者，大都擁有一種以上精神疾患類型。

***施奈德**　全名為庫爾特・施奈德（Kurt Schneider，一八八七～一九六七），對精神疾病患者的診斷發展有極大貢獻。最廣為人知的成就，是他對於精神分裂症狀的研究，並依各症狀特徵列表分類。

施奈德提出「精神疾病十種類型」

在美國精神醫學界提出精神疾病患者診斷手冊 DSM 之前，精神科醫師大多採用施奈德提出的分類方式。

類型 1 意志不堅型

意志薄弱，容易受身邊的人和環境影響。做事欠缺計畫，對任何事情都是三分鐘熱度，無法持續做下去。這種類型的犯罪者最多。

〔常見的犯罪〕竊盜、詐欺、侵占等

類型 2 亢奮型

看似心情一直保持愉快、開朗活潑，但言行舉止輕率，易與身邊的人起衝突。

〔常見的犯罪〕詐欺等

類型 3 自大型

愛慕虛榮、善於說謊，只為引人注目。極度以自我為中心，甚至對自己的幻想深信不疑。

〔常見的犯罪〕詐欺等

類型 4 爆發型

遇上一些微不足道的小事，就會發怒並暴力相向，這類型的人分為兩種，一種是馬上發怒，做出暴力行為；另一種是長時間累積情緒，集中一次大爆發。

〔常見的犯罪〕暴力事件、殺人等

類型 5 冷酷無情型

欠缺同情、羞恥、良心等正常人的感情，犯下殘虐的罪行也毫不在乎。對於自己和他人的痛苦、危險和未來都抱持無所謂的心態。

〔常見的犯罪〕連續殺人、大量殺人、強姦等

類型 6 狂妄型

執著於特定的觀念，又分為生性好鬥與溫和兩種類型。

〔常見的犯罪〕邪教團體的狂熱信徒發動的反社會行動等

類型 7 情續異變型

情緒起伏極大，可能從興奮不已的心情，馬上轉變成憂鬱狀態，經常感到不悅、鬱悶、焦慮。

〔常見的犯罪〕縱火、店內行竊等

類型 8 自我不確定型

個性謹慎、內向、自我意識過盛，對周遭環境與人際關係的變化十分敏感。

生性膽小，因此極少犯罪。

類型 9 抑鬱型

以悲觀的想法面對所有事情，缺乏自信，個性陰鬱。

較少與犯罪有直接關聯。

類型 10 意氣頹唐型

神經質，總是懷疑自己生病，因而一直處於不安狀態，對任何事情都提不起興趣。

較少與犯罪有直接關聯。

※類型①～⑥大多造成他人煩惱，類型⑦～⑩主要是當事人的煩惱。

＊大阪教育大學附屬池田小學兒童殺害事件　二〇〇一年，一名男子潛入附屬池田小學，殺害八名學童，包括教師在內，共十五人受到輕重傷。日後精神鑑定發現，男子是無情感型精神病患，同時具備妄想型人格異常。

09

為何犯下凶殺案還能神態自若？

當作犯罪「從未發生」，藉以防止自己內心崩壞。

面對媒體採訪，還能神態自若的真兇

不知道他就是殺人犯，在逮捕前還和他有接觸的友人或鄰居，在接受媒體採訪時，經常會說：「他那幾天看起來就和平常一樣。」

二〇〇八年發生的**江東公寓神祕失蹤殺人事件***，就是這樣的例子。當時二十三歲的女性，突然從東京江東區的公寓住所失蹤，隨即家屬向警方報案協尋，警方在該女性住所的玄關發現少量血跡，判定是人為案件而展開搜查。一個月後，警方以入侵民宅嫌疑，逮捕住在該公寓同一排房間的男性房客（當時三十三歲），之後更確定他有殺人嫌疑。

這名男性加害人，在警方搜查期間，曾經和被害人的父親一同搭電梯，當時他這麼說道：「這段日子，您真是辛苦了。」另外，事件爆發初期，**大批媒體守在公寓附近，他接受採訪時，面對鏡頭表示十分關心失蹤女性的安危**。

一般人犯下刑案後，一定會表現得有所隱瞞，或是內心感到愧疚，面對鏡頭時，說話和舉動會透露出不自然的感覺。然而，有人卻在殺害他人之後，還可以表現出一副若無其事的樣子，這是為什麼呢？

「當作沒發生過」的心理防衛機制

人心具有一定的柔軟性，每天遭遇造成痛苦的願望、恐懼或不安等心理衝突*時，都能夠順利排解。

＊江東公寓神祕失蹤殺人事件　調閱被害女性居住的公寓監視器錄影紀錄發現，她並無離開公寓的跡象，因此稱為「神祕失蹤」。

但是，如果犯下如殺人這般嚴重的案件，往往無法忍受內心的衝突，心理層面的平衡便會面臨隨時崩壞的情況。

此時，大腦便會**想辦法排除心理衝突或造成壓力的事件，當作從未發生過**，這種情況稱為**「壓抑」**。

壓抑也是一種**防衛機制**（見左圖），當現實生活中，發生許多無法維持內心平衡的衝突狀況時，大腦便會啟動防衛機制。也就是說，殺人兇手會把自己殺了人這個事實，當作「從未發生過」，自然就能表現得神態自若。

防衛機制

防衛機制是每個人都具備的正常心理反應，通常發生於無意識之間。以下介紹幾種主要的防衛機制。

反作用形成	做出和心裡想法相反的行動，例如：懦弱的人裝出強硬的模樣。
轉移	將壓抑在心中的憎恨、喜愛等感情，轉移至其他適合的目標或行動。例如：在家裡受到兄弟姊妹欺負的人，在學校霸凌他人。
合理化（正當化）	遇到無法接受或是做不到的事情，找一個正當理由來說服自己。例如：分手之後，開始回想對方的缺點。
退化	心智回到前一個發育階段。例如：長期處於慾求不滿的狀態下，說話方式和行為舉止會變得像幼兒一樣。
逃避	因為幻想或疾病而逃避現實。
昇華	利用運動或藝術創作來消除自卑感。將性衝動或具攻擊傾向的衝動，轉化為對社會有益的作為。
壓抑	明白自己的缺點和過錯，卻不願正視，將這股衝突壓抑在心中。例如：犯錯時就說「運氣不好」，把過錯歸咎於其他原因。

＊**衝突**　意指內心同時擁有兩種無法相容的慾求，無法只選擇其中一方的情況。例如：人際衝突、利害衝突、認知衝突、規範衝突等。

TOPICS 3

自殺傾向
可能連累周遭人群

一九九七年度，日本自殺人數共有兩萬四千三百九十一人，到一九九八年度迅速增加至三萬兩千八百六十三人。亦即每天平均約有九十人自殺，如果將自殺未遂人數計算在內，增加的幅度應該更加顯著。特別是年輕世代自殺問題愈來愈嚴重，二十歲到四十歲之間死因排行，自殺竟是第一位。單就男性統計數字來看，年齡在四十到四十四歲左右的男性，其死因，自殺也是位居第一位（二〇一二年）。

自殺是自行了斷生命，因此並不構成犯罪。但是，自殺者一定都面臨無法解決的問題，才會決定殺害自己，目前的情況毫無疑問已經構成一個嚴重的社會問題。

各年齡層自殺的原因與動機，約略分析如下：高齡者以健康問題占壓倒性多數；四十多歲、五十多歲的人，除了健康問題之外，經濟、生活問題占多數；二十多歲、三十多歲的人，除了前述原因之外，還有家庭問題、工作問題、男女問題，大都占有相同比例；十多歲的青少年，則大半是因為在校內遇到的問題而自殺。自殺傾向有時可能會連累周遭的人群。

有些人在絕望之際，會反過來怨恨社會，結果演變成「帶著大家一起陪葬」的想法，犯下大量殺人案件，這種情況稱為擴大性自殺。在自殺的同時，強行帶著孩子、雙親或戀人一起尋短，也是擴大性自殺的一種。又或者說，為了接受死刑而殺害他人，這種間接自殺的方式，對周遭人群造成極大的困擾。

第 3 章

性犯罪的心理狀態

性犯罪的種類與刑罰

性犯罪當中，以強姦和強制猥褻情節最為重大。

強姦與強制猥褻的區別

性犯罪可分為數種（見左圖），其中列為重大犯罪的種類，就是強姦（強暴）和強制猥褻。

強姦意指以暴力脅迫將男性性器官插入女性性器官，因此，**被害者僅限女性**（女性加害人所為的逆強姦，並不適用刑法強姦罪〔譯註：逆強姦與強姦相反，施暴的加害人為女性。日本刑法中的強姦罪，在這種情況下無法定罪，但二〇一七年三月刑法修正案已送交審議，「強姦罪」將改為「強制性交罪」，適用於男、女加害人的情況。而台灣的刑法則以「妨害性自主罪」來定罪〕）。**強制猥褻**指以暴力脅迫，而行猥褻行為，因此**加害人與被害人不分男女，全都適用該法規**。

一般人或許認為猥褻行為的對象都是女性，但其實男性也可能成為被害人，而男性被害人的年齡層通常較低是一大特徵。

另外，**以猥褻為目的的擄人***、**誘拐行為**，亦屬重大犯罪。

除上述提及的強姦與強制猥褻之外，性犯罪還包括專門偷竊內衣褲的竊賊、性騷擾、偷窺、糾纏（跟蹤）、暴露狂（公然猥褻）、偷拍，以及將兒童當作性行為（淫亂行為）的對象等。

內衣賊實際犯下的罪行是竊盜罪和非法侵入民宅，**偷窺**屬於違反輕犯罪法（譯註：日本的法律，針對一些違反社會秩序情節較輕的行為，科以拘留

***擄人**　日文為「略取」，意指憑藉暴力奪取。用於法律範疇時，意指以暴力脅迫，強行將人帶走。誘拐雖然也有相同的意思，但誘拐還包括「以欺騙手段將人帶走」。

或罰金等刑罰），**偷拍**除了違反輕犯罪法，還違反騷擾行為防制條例*（譯註：日本的社會條例總稱，目的在於遏阻騷擾社會大眾的不良暴力行為，以確保民眾生活安全。此條例屬非告訴乃論，不需經被害人提告，由相關單位提出公訴），**公然猥褻**就以公然猥褻罪提訴，與**未滿十八歲的兒童發生性行為**（淫亂行為），則違反青少年保護育成條例（譯註：日本各地方公共團體條例之一，旨在創造安全且良好的社會環境，以期青少年能夠順利成長）。

性騷擾違反騷擾行為防制條例，有時甚至會以強制猥褻罪起訴。目前已制訂跟蹤狂管制法，用來懲罰**跟蹤狂**。

性犯罪的主要種類

性犯罪意指與性相關的犯罪，依行為種類由不同法律加以規範。

強姦
▶▶P88

強制猥褻
▶▶P88

以猥褻為目的的擄人與誘拐
▶▶P100

內衣賊
▶▶P94

性騷擾
▶▶P96

跟蹤狂
▶▶P98

偷窺
▶▶P92

公然猥褻
▶▶P90

偷拍
▶▶P93

＊**騷擾行為防制條例**　本條例目的在於防止公共場所發生重大騷擾行為，確保社會大眾生活安定，由日本各都道府縣（及部分鄉鎮市）自行制訂，屬非告訴乃論。

強姦、強制猥褻——男性為什麼對女性施暴？

性犯罪中，對被害人傷害最大，使其一生受苦的重大犯罪。

認知件數只是冰山一角

強姦（強暴）和強制猥褻，意指不顧第三者意志，以暴力或凶器脅迫對方從事性行為。**這項罪行不僅對被害人身心造成極大傷害，同時也嚴重踐踏被害人尊嚴，令其一生留下心理傷害**，可說是窮凶惡極的重罪。雖然被害人大半是女性，但男性被害人受到的傷害與痛苦程度，和女性並無二致。

日本二〇一三年的《犯罪白皮書》指出，強姦的認知件數為一千兩百六十件，強制猥褻的認知件數為七千兩百六十三件，但這項數據其實只是冰山一角。由於強姦屬於**告訴乃論**＊（必須由本人報案，警方才會開始調查），許多案件未通報警方，因而未計入認知件數。

非合意性行為就是強姦

在歐美發生的強姦案，大都是熟人所為，包括戀人、友人，甚至丈夫也可能是加害人。而發生在日本的類似案件，則以陌生人犯案的情況較多。或許因為若是熟人或朋友所為，被害人並不知道也屬於強姦案件。

戀人與夫妻之間發生的強制性行為，一直到最近才被認定是一種犯罪。因為過去的想法認為，既然兩人關係親密，即使一方強制從事性行為，另一方理所當然必須配合。但是，性行為必須建立在雙方合意的基礎下，因此，目前法律認定，**非合意性交**

＊告訴乃論　無人提告（通報犯罪事實，要求執法機關給予懲罰）就不起訴的犯罪。例如：強姦罪、強制猥褻罪和擄人、誘拐未成年人罪，違反跟蹤狂管制法等。

即是強姦。

再者，一般人通常認為強姦是一時衝動犯下的罪行，實際上，不少案例都是早有預謀，特別是多人加害者所為的**輪姦**＊案件，幾乎全都經過縝密計畫。

另一方面，強制猥褻則多是衝動犯案，而且對象也都是素昧平生的陌生人。

對現狀不滿，在女性面前感到自卑

過去，人們總以為強姦和強制猥褻的罪犯，是因為找不到**排解性慾的管道**才會犯案，但最近有些案例指出，當男性**對現狀感到不滿、缺乏自信，或是面對女性時，總會抱持著自卑感**，這些情緒都可能轉化成攻擊女性的具體行動。另外，有些犯人的**最終目的並不是性行為本身，而是透過強姦才能滿足性慾**。通常這類犯人只要有過一次經驗，之後就會不斷重複犯案。

犯罪　筆記

社會上廣為流傳的強姦神話，造成被害人更深的傷害

有一些「強姦神話」在世間流傳，而且還有人相信。這些神話的內容，都會對遭遇性暴力傷害的被害人，更進一步造成精神上的傷害，也有不少人認為「是自己的錯」，並為此自責不已。「強姦神話」的內容都是一些偏激又無情的言論，以及對強姦的誤解，而且全都無憑無據。我希望每個人都能認清事實，避免對被害人造成二次傷害。

〔強姦神話的實例〕

- 認為只有年輕女性會受害（▶事實上，從嬰幼兒到高齡者都可能遇害）
- 認為女方必須負起較大的責任，因為她們一定穿著暴露，而且舉止輕浮（▶許多被害人並未穿著暴露，言行舉止也不輕浮。而且許多案例證明，加害人更喜歡找穿著樸素的對象下手）
- 認為女性心裡抱著被侵犯的期望（▶這只是男性自以為是的幻想）
- 認為女性不奮力抵抗，是因為潛意識裡接受這樣的行為（▶其實是因為恐懼、不安和震驚，導致女性陷入無法出聲呼救的狀態）

＊**輪姦**　複數加害人強姦一名被害人，刑法上稱為「集團強姦」。強姦是告訴乃論，但輪姦屬非告訴乃論，即使與被害人達成和解，仍會被提起公訴。

公然猥褻——對性恐懼的反撲心理

暴露性器，藉由女性和女童的反應，滿足性慾。

公然猥褻的代表罪行是「暴露」

某部辭典對**猥褻**的解釋如下：「**以一般社會觀點為基準，超脫常理的性慾表現。**」法律（猥褻、姦淫及重婚罪）針對猥褻行為明訂的罪行有以下數種：公然猥褻罪、散布猥褻作品罪、強制猥褻罪等。

公然猥褻罪意指，在公共場合隨機選擇對象，做出猥褻行為，罰則是六個月以下徒刑或三十萬日圓（約新台幣八萬一千元）以下罰金，或者處以拘留、科料（譯註：依日本刑法第十七條，科料意指罰金金額在一千日圓以上，不足一萬日圓，僅適用於輕微罪行的刑罰）。最大的特徵是「**暴露**」，也就是**在陌生人面前，露出自己的性器**。再者，脫衣舞廳裡的舞者，若在客人面前全裸演出，也構成公然猥褻罪。

「想引起他人注意」的慾望表現

精神分析學者佛洛伊德指出，在人類的性慾*發展階段中，三至六歲期間以陰莖為主體（女童為陰核），同時也是幼童開始發現男女有別的時期（**性器期**），此時男童對陰莖愈來愈感興趣。一般來說，隨著社會化的過程，性器期的慾念會逐漸消失，但有些人即使長大成人，仍留著該時期的慾念，進而成為暴露狂。

就某種意義上來說，暴露狂（癖）即是「想引起

（↘承左頁）口腔期透過吸吮母乳獲得快感，肛門期由排泄意識到性慾，潛伏期會暫時壓抑性慾，到了性器期已經意識到生殖目的，會開始尋找性交對象。

他人注意」的慾望表現，藉由在陌生人面前露出性器，從中得到滿足性慾的快感。看到性器的對象，因驚嚇而逃走，或露出不愉快的表情，對暴露狂而言，也是一種享受。甚至於在日後，回想被害女性的反應，想像與之從事性行為，一邊自慰。

心智不成熟造成對性的恐懼

「暴露」犯罪的加害者，多數都是因為**對性感到恐懼，導致沒有自信從事性行為**。暴露狂分為兩種類型，一種是**純粹型**，他們無法透過身體接觸，與異性發生性行為，只能藉由視覺刺激來獲得與性行為相同的興奮感；另一種是**非純粹型**，他們對女性抱持著自卑感，只能透過暴露做為心理上的補償。非純粹型的犯人，即使已經結婚或是擁有固定的交往對象，成為暴露狂的人也不在少數。另外有些人是因為家庭或職場上的壓力，藉由暴露來發洩。

暴露狂幾乎都鎖定女性做為加害目標，但有時候遇到小孩子，無論男女都是對象。比起成年女性，**他們更喜歡在青春期少女或幼小的女童面前暴露**，即使沒有直接的肢體接觸，依舊會對被害人造成極大的心理創傷。特別是女童受到的精神衝擊，更是難以想像的嚴重。

犯罪筆記

暴露行為的尺度，因時代和國家而不同

暴露的尺度會隨著時代而改變，自古以來，日本女性都穿著色彩鮮豔的和服，將身體完全包覆起來。自從洋服傳入日本，女性開始露出雙腳和手臂，後來迷你裙開始流行，大膽露出雙腿的穿著，也不再令人抗拒。

另外，依宗教、國家和社會觀念不同，對於暴露的判斷也不同。例如，伊斯蘭教國家禁止女性露出肌膚，另一方面，美國和南美諸國，裸露上半身享受日光浴，是可以被允許的。

＊**性慾**　性衝動。人類為了追求性而產生的能量。佛洛伊德將性慾的發展階段，分為口腔期（零至十八個月）、肛門期（一至三歲）、性器期（三至六歲）、潛伏期（六至十二歲）、生殖期（十二歲以後）。（↗接右頁）

偷窺——為了滿足視姦慾望

以偷窺為興趣，情節太過嚴重也會違反騷擾行為防制條例，或觸犯輕犯罪法。

「想看」的慾望表現

暴露狂（➡九〇頁）是出自於「想引起他人注意」的慾望，**「偷窺」則是「想看」的慾望表現**。舉例來說，像是在一些電視、電影或小說中，會有高中男學生偷看女同學換衣服的場景。這種情況可說是成長過程常見的行為，雖然並不值得鼓勵，但有些人倒是覺得無傷大雅。

一些八卦週刊或雜誌的**袋封內頁**＊，都刊載著清涼的照片，而且風化區也有脫衣舞秀，或是有業者把房間裝飾成可以偷窺的房間。這些出版社和店家，都是為了滿足男性的**「視姦」**（用雙眼看，幻想侵犯女性的行為）嗜好。

「偷窺」這個行為，意指想偷看其他人在家裡的情況，或是想知道女性聚會的時候，都聊些什麼話題，不管男女都有這樣的好奇心，但如果情況太過病態，**想窺視女性裸體、性行為或排泄行為，藉此得到性高潮，這種人就稱為偷窺狂**。而這種行為也是一種異常的性癖好。

偷窺狂並不會直接與被害人接觸，這一點和暴露、偷拍與內衣賊（➡九四頁）一樣。這種人幾乎都是條件不佳，難以找到性行為的對象，同時也不敢做出暴力犯罪。但是，依照現場情況變化，有時候偷窺也會發展成強姦，甚至殺人。

日本發生的偷窺案件比歐美還多，因為傳統的日本建築，房間數量較少，許多家庭都是父母親和孩

＊**袋封內頁**　書籍內頁封裝成袋狀，防止人們在書店裡閱讀。過去裝訂技術生產的和裝本或契約書，大多是這種形式，最近的書刊若有過於超出尺度的畫面，也會用袋封來裝訂內頁。

子睡在同一個大房間，因此，孩子看到雙親性交的機會比較高。有些人認為這種情況的影響，形成孩子內心的**原初場景**＊。

偷窺行為**違反騷擾行為防制條例或輕犯罪法**，一旦被發現就會遭到逮捕。再者，為了偷窺擅自進入他人家裡，則犯了侵入民宅罪，若是因為自慰行為弄髒別人的房間，或損壞屋內物品，也必須負起賠償責任。順帶一提，**偷拍**也是一種偷窺行為，同樣也會因為違反輕犯罪法而遭到逮捕。

各種偷窺行為

偷窺可能不會造成他人受害，情節輕微時也不構成犯罪，以下介紹各種情況。

袋封內頁

用刀片割開封裝的頁面，這個過程本身也會讓人感受到偷窺的興奮感。

八卦週刊

看到雜誌上偷拍的演藝人員照片，就好像親眼看到一樣，可以滿足偷窺慾。

偷窺房間

偷窺房間是一種風化場所，從房外偷窺女性裸體或自慰行為，同時自己也跟著自慰。

違反輕犯罪法的偷窺

侵入他人住處偷窺或偷拍。

＊**原初場景**　佛洛伊德提出的用語，意指孩提時代觀察、想像或推測雙親發生性行為的光景。有時候目擊雙親的性行為，也可能造成精神創傷。

內衣賊——為什麼偷貼身衣物？

對女性包覆胸部和性器的貼身衣物著迷，引起性慾錯亂的戀物癖。

對物品異常堅持的戀物癖

內衣賊是經常聽聞的**竊盜事件**，犯人幾乎只偷竊年輕女性的貼身衣物。若想解釋內衣賊的心理，必須先提到「**戀物癖**＊（Fetishism）」。

世上有一種人，對性的渴望並不能透過性行為獲得滿足，其中有些人在**面對「無生命的物品」時，會感到強烈的性衝動與妄想，並且不斷想得到那些物品**，在精神醫學上，稱這種情況為戀物癖，屬於一種性慾錯亂。提到戀物癖，經常可以聽到戀香癖或是戀胸癖這樣的說法，但這只是一種輕度的性癖好，並不屬於精神醫學上的戀物癖。在日本，具有戀物癖傾向的人，以男性居多。

包覆女性身體的貼身衣物帶來興奮的感覺

有些人對於女性貼身衣物，有著強烈的喜好，原因在於這些衣物的用處，是包覆女性的性器與胸部。本來男性對性的幻想對象，應該是女性的性器和胸部，但這些人卻對於包覆這兩處的貼身衣物感到興奮。有時候會利用貼身衣物，一邊想像實際穿著的女性，一邊自慰。透過女性貼身衣物、鞋子或絲襪，滿足性幻想的男性，人數並不多。問題是他們有時候會成為內衣賊，做出犯罪行為。

內衣賊的形成原因，與上一節提到的「偷窺」相同，**他們通常不擅長與他人交際，社會化和情緒面**

＊**戀物癖**　最常見的案例是高跟鞋或細跟鞋。結婚禮服、喪服、醫師或護理師的白衣、學生服或體育服等，也經常成為性嗜好的對象。

也處於未成熟的傾向。就法律觀點來看，基本上適用於竊盜罪（➡一八〇頁）。另外，進入他人家中偷取貼身衣物，大多會追加一條侵入民宅罪。

近年來，以這些對女性貼身衣物抱持異常喜好的男性為對象，網路上出現許多店家，**專門販賣年輕女性穿過的貼身衣物**。目前還沒有適用的法律，可以取締這些網站。但是，如果未滿十八歲的人購買這類商品，則觸犯**青少年保護育成條例**＊。

內衣賊的犯案手法

內衣賊不僅會偷竊晾在陽台的貼身衣物，同時還有許多犯案手法。

陽台

晾在一樓戶外的貼身衣物最容易遭竊，有些人甚至會爬上高樓層行竊。

侵入房間

有些人會侵入民宅，從衣櫃裡偷取貼身衣物。

投幣式洗衣店

投幣式洗衣店裡的乾衣機，不必冒太大風險就能行竊。

販售網站

不需偷竊，對異常喜好貼身衣物的人，可以在網站上購買有人穿過的貼身衣物。

＊**青少年保護育成條例**　日本地方自治體制訂的條例之一，每個都道府縣名稱各有不同。目的在於創造一個安全、完善的環境，培育身心健全的青少年。僅適用於未滿十八歲的未婚者。

性騷擾——混亂的環境是引發犯罪的原因嗎？

性騷擾是不可原諒的犯罪，但另一方面也造成許多冤案。

性騷擾大多發生於都市

在尖峰時刻搭乘過擁擠電車的女性，若詢問她們是否遭遇過**性騷擾**，多數人應該都會回答，曾經有過被騷擾的經驗。實際上，在都市裡經常會發生性騷擾。

在日本，**若非糾纏不清的惡意接觸**，**並不會構成太嚴重的違法行為**。但是在歐美，無故碰觸他人的身體，是一件十分失禮的行為。

然而，性騷擾全都涉及影射性的言語和猥褻行為，**無庸置疑就是犯罪**。但一般來說，性騷擾的加害人心裡，並不覺得自己的行為如同強姦或強制猥褻（▶八八頁）一樣嚴重。

內心合理化的行動

加害人沒有罪惡感的原因，在於犯罪都發生在特殊的狀況之下，也就是客滿又擁擠的電車裡。在這種情況下，加害人會認為：「肢體碰觸是因為太過擁擠」、「被害人偶然搭乘同一輛電車，算是她運氣不好」，內心**用這樣的說詞來將自己的行為合理化**。而且，若是受害女性沒有當場抵抗，或是出聲制止，加害人便擅自認為對方並不討厭這種行為，這也是一種「**自行合理化**」的想法。

合理化也屬於**防衛機制***（▶八三頁），加害人內心會做出對自己有利的解釋，並且以之為理由，企圖使自己的行為正當化。

***防衛機制**　佛洛伊德提出的概念。為了避免自己感到挫折，在無意識中築起一道心理上的防禦。防衛機制的形式有反向作用、轉移作用、壓抑和投射等。

壓力造成精神上缺乏平衡

性騷擾加害人不分職業和年齡，有時候公務員和媒體工作者也會遭到逮捕，讓世人感到震驚不已。另外，已婚男性犯下性騷擾的例子也不在少數。

一般來說，做出性騷擾行為的人，大多是想**透過這樣的行動，消除日常生活的緊張感**。然而，歸根究柢來說，性騷擾的起因還是為了追求**性慾的刺激**。

遭遇性騷擾的被害人，幾乎都會為此感到痛苦不已。由於性騷擾屬於**告訴乃論**（➧八八頁），倘若被害人不提起控訴，就不構成犯罪。因此，加害人都抱持樂觀的心態，覺得自己不會被逮捕，進而持續做出性騷擾行為。

另一方面，性騷擾也衍生出另一個問題，就是**冤案***的發生。性騷擾冤案的發生，是某人有性騷擾嫌疑，就受到警察或司法機關的不當對待，也可能被公司開除，而且不僅有嫌疑的當事人受害，甚至還會連累整個家族陷入不幸的深淵。為了減少冤案發生，政府應該改善整體環境，降低性騷擾的發生機會。

犯罪筆記 「鬼迷心竅」是本能（本我）引起的罪業嗎？

精神分析學者佛洛伊德提出，人心分為以下三個層次：

❶**本我**（Id）：性慾、食慾等原始本能掌管的意識。

❷**自我**（Ego）：接收本我與超我的慾求，藉以處理外界環境的刺激。

❸**超我**（Superego）：向自我傳達道德觀、倫理觀、良心、禁忌和理想等價值觀。

人們面對外在環境時，最先是由自我產生心理反應，因此能夠做出符合社會期待的行動。而性騷擾是發自本能的行為，可說是本我引起的罪業。許多性騷擾罪犯常說的藉口就是「一時鬼迷心竅」，也就是說在當下，超我沒有適時發揮應有的功能。

＊**冤案**　即使沒有犯罪，卻遭受犯罪者的待遇，也就是受到「栽贓」。有些案例原本已經被判有罪，在受刑期間申請再審，最後獲判無罪。

跟蹤狂——執著糾纏的原因

深信自己與對方是兩情相悅的被愛妄想（Erotomania）與現代型跟蹤狂。

現代型跟蹤狂可能犯下殺人罪

跟蹤狂意指尾隨被害人，監視其生活的一舉一動，或是頻繁地撥打無聲電話、大量寄送信件等，重複做出這類騷擾行為。

單方面抱持著戀愛感情，並且深信對方一定也喜歡自己，這種情況也稱為被愛妄想。就算對方明白表示拒絕，仍舊繼續做出騷擾行為，而且擅自曲解對方的意思，認為拒絕也是一種好感的表現。成為跟蹤狂的人，可以說都帶有被愛妄想的特質。

另一方面，**現代型跟蹤狂，有可能是曾經與被害人是情侶關係，或是已離婚的配偶，執著於修復彼此的關係，進而使用暴力手段劫持對方加以監禁，甚至可能演變成殺人事件**。有些時候可能是偶然看見一名異性，心裡就產生反常的感情，悄悄地監視對方，或是匿名撥打電話或寄信。

跟蹤狂的心理都有一個共通點，就是具有**依賴性**和**攻擊性**。他們無法建立適當的人際關係，心理層面處於未成熟的狀態，**不知道該怎麼體諒他人**，遭受拒絕時會展現出過度敏感的反應。特別是現代型跟蹤狂，對於原本抱持好感和愛意的對象，可能在一瞬間改變想法，將對方視為憎恨和攻擊的對象。

跟蹤狂的加害人與被害人之間的問題，一般都是法律無法介入的情況。但是，一九九九年，**桶川女子大學生跟蹤狂殺人事件**＊發生後，政府也以此為契機，制訂了**跟蹤狂管制法**＊。

＊**桶川女子大學生跟蹤狂殺人事件**　事件發生在埼玉縣桶川市，一名女子大學的學生（二十一歲）在路上遭男性刺殺身亡。該男性曾是她的交往對象，分手之後一直對被害人糾纏不清。

跟蹤狂的五種類型

跟蹤狂分成各種類型，以下由加害人與被害人的關係，分成五個類型。加害人都有一項共通點，就是他們都對被害人抱持著戀愛妄想。

類型 1 無辜受害類型

加害人與被害人完全沒有交集，但加害人單方面愛戀對方。有時被害人甚至不認識跟蹤狂本人，這種類型以男性居多。

類型 2 因愛挫折類型

典型的跟蹤狂類型。分手之後，開始單方面糾纏對方，這種類型的加害人，不僅會執拗地表達好感，有時候會轉變成攻擊行為，最終演變成傷害、強姦或殺人事件。

我跟你已經沒有任何關係了。

類型 3 婚姻破局類型

發生於某一方解除婚姻關係時，加害人大都具有粗暴的性格，在婚姻關係中，就有家庭暴力的前例。因為兩人曾有過一段親密關係，離婚時造成的愛恨糾葛就更加嚴重，有時會演變成殺人事件。

類型 4 跟蹤明星類型

受害對象大都是歌手、演員、主持人等演藝人員，或是政治家、評論家、學者等名人。希望對方發現自己的存在，而無所不用其極接近，這些人大多是該名人的狂熱支持者。

類型 5 跟蹤有權者類型

受害對象大都是醫師、大學教授、律師等，有一定的社會地位，工作環境中必須接觸他人，接受對方訴苦並給予意見。久而久之，加害人便擅自對被害人抱持愛情方面的幻想。

（取自福島章著作《新版跟蹤狂心理學》，PHP研究所發行）

＊**跟蹤狂管制法**　「針對跟蹤行為制訂的相關管制法律」。管制的對象包括糾纏、埋伏、不請自來、要求見面或交往、粗暴的言行、寄送汙物、性暗示的侵害等。

戀童癖——將年幼的兒童視為性愛對象

無法滿足於幻想，進而採取行動，做出淫亂行為、強姦或強制猥褻。

多數加害人都是非純粹型戀童癖

戀童癖（Pedophilia）在精神醫學上，意指由幼兒引起的性慾。主要發生在男性，也是一種**異常性癖好***。戀童癖主要可分成兩種：①無法與成年女性建立親密關係，取而代之選擇兒童做為補償，這是**非純粹型（代償）戀童癖**；②討厭成年女性，積極地親近兒童，這是**純粹型（真正）戀童癖**。

這兩種類型的共同特徵，都是內向、無法與他人交流，在就職、戀愛或結婚等方面，遭遇到各種挫折。因此，對於人際關係抱持著強烈的自卑感，無法與成年女性正常交往，只想尋找相對聽話的兒童做為對象。

戀童癖多數都是①非純粹型（代償），這種類型的人姑且不論其社會地位高低，只要能夠建立良好的人際關係，都有恢復正常的可能。但是，純粹型（真正）戀童癖則很難透過治療，改掉異常的觀念。

戀童癖可能發展成重大犯罪

戀童癖的人，如果只是停留在幻想階段，倒不會造成太大的問題，但是內心的慾望可能導致他們採取行動，進而犯下罪行。戀童癖可能觸犯**兒童福祉法中的淫亂行為罪**、**刑法中的強姦或強制猥褻罪**。

順帶一提，與未滿十三歲的兒童發生性行為，無論是否達成「合意*」，都觸犯強姦和強制猥褻罪。另外，戀童癖衍生出來的犯罪，可能會愈演愈烈，

＊異常性癖好　依DSM-5（見第七九頁）診斷分類，人類對性的需求，除了造成性衝動和性行為之外，若是更進一步帶來苦惱和精神上的異常狀態，即稱為異常性癖好。另外，暴露狂和戀物癖也屬於異常性癖好。

最後發展成**誘拐、監禁（以猥褻為目的的掠取、誘拐）或殺人等重大犯罪**。

猥褻行為會對受害兒童的心理帶來極深的影響，隨著年紀成長，精神面會更加不安定，**有很高的機率引發情緒障礙或對社會適應不良**。同時，將來可能無法接受正常的性行為，轉而從事賣春（▶一〇二頁）行業。

無論如何，戀童癖的犯罪對兒童帶來的身心傷害，將造成一輩子的陰影。

戀童癖的種類

依照戀童癖的特徵，大致可以分為兩個種類。

❶ 非純粹型（代償）戀童癖

- 無法和成年女性建立親密關係，進而選擇以兒童為對象。

❷ 純粹型（真正）戀童癖

- 先天性。
- 討厭成年女性。

共通的特徵

- 個性內向。
- 不擅長與他人溝通。
- 孤立於社會團體之外。
- 在就職、戀愛、結婚各方面遭受挫折。

＊**合意**　構成強姦、強制猥褻等性犯罪的要件當中，多數情況是取決於與被害人是否達成「合意」。然而，如果以兒童為對象，則不考慮是否達成「合意」，皆視為犯罪。

福祉犯罪——買賣少女，強迫從事性工作

侵害少年（少女）福祉的犯罪，強迫未成年人在風化場所工作或是賣春。

缺乏自信的男性，就是兩性關係的弱勢者

以未成年少女為對象的性犯罪，最為人所知的情況就是**援助交際**。透過網際網路上的聊天網站等媒介，女性以賺取金錢為目的，募集交往對象，其中也有不少女高中生，為了賺取零用錢而踏入這個行業。

如果男性只是和未成年女子喝個茶，或是去唱卡啦OK，僅止於類似約會的行為，並不會構成法律問題。但事實上，**多數男性最終的目的還是性行為**，這種情況絕對就是犯罪。

藉由援助交際尋找性交對象的男性，**大多都是**

以未滿十八歲少女為對象的性犯罪

在日本，**援助交際**曾經盛行一時，最近還出現J**K穴位治療**（由女高中生提供按摩服務）這類新型態的行業，更增加了少女遭受性犯罪的情況。實際上，未滿十八歲兒童受害的性犯罪，每年都會發生一定件數，令人感到十分遺憾。

強迫未滿十八歲的少年（包括少女在內）從事性工作，或是以支付金錢與少年發生性行為（**買春***），都構成**福祉犯罪***或屬於**侵害少年福祉的犯罪**。這種類型的犯罪者，都將依觸犯**青少年保護育成條例**、**兒童福祉法**、**兒童賣春與兒童色情製品禁止法**（➤一〇五頁），接受法律制裁。

***買春**　在日語中，採用音讀可能與「賣春（Baishun）」混沌，故以訓讀的讀法「Kaishun」做為區別。一九九九年，「兒童買春處罰法」納入該名詞，意指利用對性的好奇心或金錢為誘惑，與兒童發生性行為。

只能利用金錢和女性交往，亦即兩性關係間的弱勢者。而且因為對象是少女，**比起和成年女性交往，這種類型的男性較能獲得心理上的優越感。**

警方揭發的援助交際件數只是冰山一角，實際上發生頻率非常高。原因在於尋找少女進行性交易的成人相當多，另一方面，**少女對性的倫理觀念極為薄弱**，也是主要因素。

順帶一提，即使因為少女積極勸誘，才接受援助交際的請求，最後被認定犯罪的一方仍是男性，除非少女以電子郵件等形式留下證據，才會被判有罪。

福祉犯罪的種類

福祉犯罪意指對少年、少女身心帶來不良影響，阻礙其健全成長的惡意犯罪。具體的犯罪行為如下所示。

● **猥褻行為**

● **要求對方寄送裸照**

● **透過交友網站，募集男性進行性交易**

● **非法販售松香水或興奮劑**

＊**福祉犯罪**　對少年身心帶來不良影響，阻礙其健全成長並損及少年福祉的犯罪。此處指稱之少年，為依兒童福祉法定義，就讀小學至年滿二十歲者（不限男女）。

兒童色情製品犯罪有增加的趨勢

福祉犯罪中，最嚴重的狀況即是**兒童色情製品***犯罪。兒童色情製品意指以未滿十八歲的兒童為對象，拍攝其裸體、性器或性行為，目的在於刺激男性性慾的照片或影像。因為兒童色情製品一直有熱中此道的收藏家和愛好者，即使**兒童買春與兒童色情製品禁止法***明令禁止這類作品傳播，但現實中仍有許多管道廣泛流通販售。

在日本，因觸犯兒童買春與兒童色情製品禁止法而依法送辦的人數，以兒童買春的案例為最大宗，但兒童色情製品犯罪的增加比例，由二〇〇四年至二〇〇九年，實際上已增加將近十倍。

雙親和親戚也可能是加害者

日本的兒童色情製品犯罪問題，在國會及各地方自治團體中，一直引起各種議論，主要目的在保護兒童。舉例來說，大阪府站在被拍攝者皆為兒童的觀點來看，認定兒童色情製品屬於**性虐待的紀錄**。

兒童色情製品一旦拍攝完成，將永遠留存。被拍攝的兒童，在製作階段，身心便會遭受嚴重的傷害，其後心理層面的創傷，也會一直持續下去。從這一點來看，的確是一種虐待的紀錄。

兒童色情製品幾乎都是以販售獲利為目的。而且藉此獲取利益的大人，非常遺憾，大多都是本應守護兒童的雙親或親戚。國外的法律對於兒童色情製品管制十分嚴格，但日本法律僅懲罰販售、製造和散布者，直到二〇一四年法規改制，日本也開始**禁止個人持有（單純持有）這類製品**。順帶一提，漫畫和動畫等創作，並不受該法規管制。

＊**兒童色情製品**　色情製品意指能夠激起性慾的照片、電影、文學或圖片，特色是寫實的描述和表現。英語是Child pornography。

福祉犯罪與相關取締法律

福祉犯罪意指各種對兒童帶來不良影響的事件，而取締福祉犯罪的法律，也因事件不同而異。

福祉犯罪法令類別逮捕人數與各法律取締主要內容（二〇一一年）

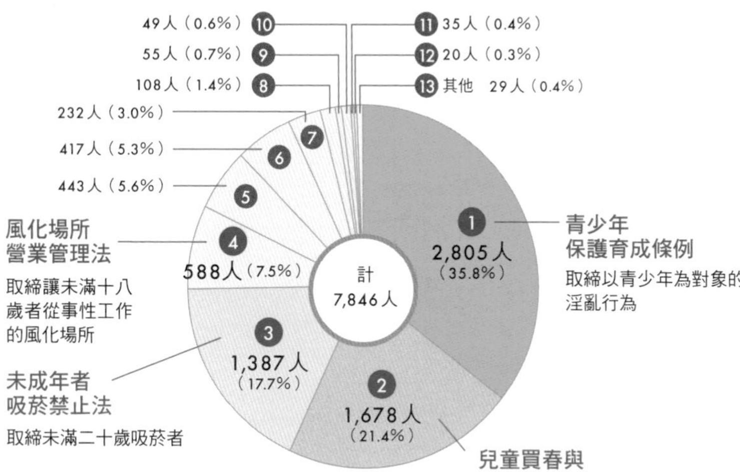

⑤交友網站管制法：取締引誘兒童做為性交對象、指使兒童引誘性交，或以兒童為號召，引誘他人將兒童做為異性交往對象

⑥兒童福祉法：取締強迫未滿十八歲者（兒童）從事淫亂行為、將身體有障礙的兒童當做展覽物，供人觀賞、發生於兒童福利機構的虐待事件

⑦未成年者飲酒禁止法：取締未滿二十歲者飲酒

⑧興奮劑取締法：取締轉讓或使用興奮劑

⑨勞動基準法：取締以暴行強制他人勞動、利用欺騙手段，介入他人就業過程，居中榨取利益、一週工作超過四十個小時

⑩職業安定法：取締以仲介賣春等違法職業為目的的職業介紹者

⑪賣春防制法：取締對象為斡旋賣春者、趁人之危迫使其從事賣春、接受賣春的對價關係、出借金錢或贈與金錢，意在迫使其賣春、訂定賣春契約、提供賣春場所、以詐術欺騙他人賣春

⑫毒物與劇毒取締法：取締販賣毒物或劇毒的未登記業者，或販售具有興奮作用的毒物與劇毒供他人吸食

（取自二〇一二年版《兒童暨青年白書》，警察廳調查）

＊**兒童買春與兒童色情製品禁止法**　「兒童」意指年齡未滿十八歲者。本法條於一九九九年公布、實行。一九九六年，世界各國在斯德哥爾摩召開會議，嚴厲批判從日本發跡的兒童買春與兒童色情製品。

錯誤認知引起的騷擾行為

近年來，冠上騷擾二字的詞彙愈來愈受到人們關注。所謂騷擾，意指即使當事人非出於故意，但只要發言或行動讓他人感到不悅，或造成傷害、損及尊嚴、感到脅迫的情況。也就是說，騷擾涉及人權的問題。

由「非關發言者之意圖」這一點即可了解，是否構成騷擾，完全取決於接受方的主觀認定。舉例來說，同樣受到上司的斥責，下屬A可能認為是職權騷擾，但是下屬B卻覺得是一種激勵，類似的例子時有耳聞。

容易做出騷擾行為的人，類型繁多，以下提出一些常見的例子。自我感覺良好的人、對上下關係極度敏感的人、永遠覺得自己正確的人、不知體諒他人的人等。會利用職權騷擾的人，也會犯下性騷擾，也就是說這種人，習以為常地做出各種騷擾。簡單來說，性騷擾大叔在職場上也會濫用職權騷擾下屬，讀者們應該比較容易想像。

從法律層面來看，根據男女雇用平等法規定，雇主有義務訂定防制規範或對策措施，藉以防止發生性騷擾。目前整體社會，都對騷擾一事相當敏感，若不知謹言慎行，可能將為自己帶來無妄之災。

第 4 章

欺騙與受騙的心理

01 欺騙者的心理狀態

欺騙他人，使其蒙受損失的詐欺行為是犯罪。詐欺成功的謊言，真的無懈可擊嗎？

對於欺騙者而言，謊言是正當防衛

詐欺意指欺騙他人，藉以奪取財物，或使對方招致損失。詐欺的手法和目的各有不同，以企業為主要對象的種類有融資詐欺或詐領保險金（➤一一二頁）；以個人為對象的種類有網路拍賣詐欺、裝潢詐欺、借貸詐欺、結婚詐欺、證照詐欺、轉帳詐欺等。**詐欺是觸犯刑法的犯罪**。

一起詐欺事件，必定具有欺騙者與受騙者才能成立。首先，讓我們由欺騙者的心理狀態切入探討。

每個人都曾經**說謊**，說謊本身是**出自於保護自己的意識（防衛機制，➤八三頁）**。欺騙者會將自己的謊言正當化，讓對方受騙上當。也就是說，**對欺騙者而言，說謊是一種正當防衛***。多數的欺騙者，壓根就沒想過自己的所作所為，是欺騙他人的行為。

病態性說謊症產生的謊言

有些人可以毫不在乎地說謊，由他們的心理特徵來看，大致可以分為兩類。一種是**病態性說謊症**的患者，**他們會在心中描繪一個幻想或妄想的世界，並且深信不疑**，這個症狀屬於人格異常的一種。人們在說謊的時候，無論表情、口氣或動作，一定有不自然之處，但這類型患者深信自己的謊言是事實，因此表面上完全看不出任何異樣。因此，他們說起謊來特別有說服力。好比說，有人自稱是某個國王的親戚，通常很難取信於他人，但是病態性說

＊正當防衛　面對突如其來的非法侵害，為了保護自己或他人的權利，不得不採取的防衛手段。符合上述條件者，不受法律處罰（日本刑法第三十六條）。

謊症患者，就是能說得讓人相信。之後，他們就能順利以這個身分，從他人身上騙取金錢。

演技型人格異常

另一種類型，是**演技型人格異常**（➡七九頁）。**這種人為了吸引周遭他人關注，打扮得光鮮亮麗，言行舉止都像在演戲**，其實也是一種人格異常。而且他們的演技非常逼真，經常把人騙得團團轉。

雖然每個人都有虛榮心，希望能夠引人注目，但演技型人格異常者的一切行為，都是病態性的演出，在吸引他人關注的同時，漸漸造成精神上的病態，有時候也會因此傷害到自己。

這種類型的人，和病態性說謊症患者最大的不同，在於**他們清楚知道自己在撒謊**。而實際上，多數**詐欺犯**都屬於這種類型。順帶一提，以希望引人關注為出發點，他們的演技十分精湛，因此，這類型的人也適合從事演員、政治家或宗教工作人士。

犯罪筆記

各種類型的欺騙者

利用謊言欺騙他人者，依照類型各有不同稱呼（譯註：此處各種稱呼，為日文特有詞彙，譯為中文時採取「意譯」、「沿用」及「直譯」，並標示原文）。

- 詐欺犯（詐欺師／sagishi）：扮演某種職業或人格特質，讓他人信以為真，利用人的心理弱點，騙取金錢財物。和騙子（ペテン師／petenshi）一樣，但詐欺師大多指智慧型罪犯。
- 金光黨（山師／yamashi）：日文中的「山」有「投機、碰運氣、以小博大」之意，故稱「山師」。以虛構龐大的獲利為誘因，騙取金錢財物。
- 魔術詐欺犯（いかさま師／ikasamashi）：這個詞原本的意思是魔術師，現代則指利用道具或技術性手法騙取金錢財物的人。
- 假教練（コーチ屋／kōchiya）：假裝能夠精準預測運動賽事結果，藉此騙取金錢。
- 詐話師（詐話師／sawashi）：以虛構的故事做為主要詐騙手段，大多會捏造一個規模碩大的計畫。

受騙者的心理狀態與結婚詐欺

被害人不願意承認自己上當。

遭受結婚詐欺的心理狀態

詐欺的手段可說是形形色色，從欺騙者的角度來看，這世上的確有**「好騙的人」**、**「容易受騙的人」**（見左圖）。而欺騙者擁有敏銳的觀察力，可以看穿被害人的心理，利用巧妙的手段，從他們身上騙取金錢財物。

這一節主要以**結婚詐欺**為例，因為類似事件時有耳聞，一般人也深感興趣。結婚詐欺意指欺騙被害人的感情，明明沒有與對方結婚的意思，卻又以此為誘因，收受被害人的金錢財物。

通常，結婚詐欺犯鎖定的目標，都是有一定的經濟基礎，而且希望能夠結婚的異性。而為什麼這些被害人，會心甘情願付出大筆金錢呢？

針對這一點，精神科醫師**小田晉**＊提出以下四個原因：

①被害人以為可以用錢綁住對方的心，**拿錢給對方，代表自己位居優勢**。

②女性被害人通常會發揮**母性本能**＊。多數以結婚名義來詐欺的男性，都擅長向女性撒嬌，就像個孩子「依賴」母親一樣，索討金錢財物。而女性面對「依賴」時，總會不自覺地答應對方的要求。

③利用**情感轉移**＊達到詐騙目的的手段。情感轉移是心理學用語，例如在相處的過程中，關係愈來愈親近，最後萌生如家人一般的感情。也就是說，經過一段長時間交往，被害人就會把詐欺犯當成自己

＊**小田晉**　一九三三～二〇一三。醫學研究者，同時也是精神科醫師，專攻犯罪精神醫學，曾經擔任日航班機羽田墜海事故、新潟少女監禁事件和奧姆真理教事件的精神鑑定。

什麼樣的人容易受騙？

各位身邊應該也有「容易受騙的人」吧？或者，各位覺得自己屬於「容易受騙的人」呢？

● **意志不堅的人**

注意自己是不是容易聽從他人的意見，即使是推銷的奉承話也會當真。

● **不懂拒絕的人**

不會說「我拒絕」、「做不到」的濫好人。

● **容易被慫恿的人**

聽到人家說「這件事非你不可」、「只有你是萬中選一」，馬上就得意忘形。

你中獎了！
太棒了！

● **執著金錢的人**

比一般人加倍執著於金錢，聽到什麼可以賺錢的機會，就容易被牽著鼻子走。這樣的人最好不要接收這類訊息。

現在正是賺錢的好時機哦！
真的嗎!?

● **不喜歡思考的人**

談論稍微複雜的話題，就會說「交給你處理就好」或「好啊，我沒意見」，不動腦思考，其實是件危險的事情。

就交給你囉！

● **好奇心旺盛的人**

具有挑戰心是件好事，不過挑戰危險的事物，可能造成可怕的後果。

New!
好的，我來挑戰！

● **身心脆弱的人**

身心俱疲的時候，總想找個依靠，可能因此失去正確的判斷能力。

承蒙你照顧了。

● **不懂法律知識的人**

黑心業者無所不用其極誆騙消費者，因此，我們必須具備最基本的法律常識。

看這樣子應該不懂法律。

● **靠外表、長相判斷他人的人**

看似溫柔或長相俊俏的人確實討喜，但是要小心別被外表迷惑，落入圈套。

＊**母性本能**　一般認為女性在成為母親之後，心理層面自然會萌生母性特質，但這種特質其實還是透過社會性的學習所得。具體來說，大多是面對孩童、年幼者或是弱者時，會產生想保護、養育對方的想法。

人，如此一來，即使心裡產生不相信的想法，也很難狠下心來提出告訴。

④**被害人陷入「以結婚為前提」的圈套**。一般人都知道，結婚前的準備花費甚鉅，像是安排婚禮或準備新家。因此，如果詐欺犯以這些準備工作做為藉口要求金錢，被害人很容易就會讓詐欺犯對其予取予求。有些案例是假借前女友（或前男友）的名義，要求分手費，或是謊稱必須支付贍養費給前妻（或前夫）與孩子，要求被害人支付金錢。

不願承認受騙

多數被害人相信「自己不會受騙」，但這種人更容易一而再、再而三地上當。「已經被騙過一次，接下來應該沒事了」或「這次換我來利用別人」，這樣過度自信的想法，很容易讓自己再次落入陷阱。

然而，就算身邊的人好說歹說，受騙的人通常都不會接受規勸。看在第三方的眼裡，心裡可能會想：「為什麼看不清事實」或「擺明就是個騙局，為什麼一直付錢」，但當事人卻聽不進任何提醒，到底是為什麼呢？

原因在於，**被害人不願承認自己受騙**。這樣的心理狀態，在心理學上歸類為**防衛機制**（➡八三頁）的**「否認*」**。也就是說，當事態轉變為對自己不利的時候，人們內心就會拒絕面對現實。因為**一旦承認自己受騙，就等於承認自己是個愚蠢的人**。尤其是自尊心極強的人，更是堅持不肯承認。

因此，當別人好心規勸時，被害人會說：「那個人不是你想的那樣」，反倒為欺騙者辯護。而這一切，都是因為欺騙者能夠充分掌握人心，並加以巧妙利用所致。

＊情感轉移　心理學上稱為「轉移」。像是輔導時，尋求輔導的一方（求助者），對輔導員抱持特殊的情愫與態度。

遭受結婚詐欺的心理狀態

愈是認真考慮結婚的人，愈容易遭受結婚詐欺所害。以下為各位說明這類被害人的心理狀態。

1 認為自己位居優勢

以為可以用錢綁住對方的心，拿錢給對方，代表自己位居優勢。

這麼一來，他就完全屬於我了。

2 母性本能使然（被害人為女性時）

多數以結婚名義來詐欺的男性，都擅長向女性撒嬌。而女性面對「依賴」時，總會不自覺地答應對方的要求。

我不能沒有妳。
我會保護你。

3 對詐欺犯的情感轉移

經過一段長時間交往，被害人就會把詐欺犯當成自己人，並且付出形同對待家人的感情。

工作非常不順利。
爸爸以前也是一樣。

4 陷入「以結婚為前提」的圈套

一般人都知道，結婚前的準備，花費甚鉅，如果詐欺犯以這些準備工作做為藉口要求金錢，被害人很容易就會讓詐欺犯對其予取予求。

這是結婚後一起住的新房子，要先付訂金。
錢準備好囉。

＊否認　防衛機制的一種，不承認問題的存在。通常與防衛機制的「反作用形成」一起討論，反作用形成意指強調相反的傾向，極力抑制自己難以接受的衝動。

轉帳詐欺的主要手法有**是我是我詐欺**、**請款詐欺**、**融資保證金詐欺**、**退款詐欺**等。被害人的年齡分布狀況如下：請款詐欺分散於所有年齡層；融資保證金詐欺以四十歲以上男性占全數一半以上；是我是我詐欺和退款詐欺，則幾乎是六十歲以上老年人。特別是是我是我詐欺的被害人，以六十歲以上的女性居多。

是我是我詐欺的被害人接到電話時，一聽到兒子或孫子遇上麻煩，就會心急如焚，希望儘快提供協助，最後就聽信歹徒的說詞轉帳給對方。之後發現上當受騙，才會恍然大悟。總之，在這種情況下，**如果沒有決定性的證據，他們不會認為自己被騙**。可以說是陷入一種**自我催眠***的狀態。

再者，從被害人的心理狀態來分析，**他們在事發當下，都急著想幫助兒子或孫子，認為必須儘快轉帳，心裡不安的情緒大過求證的想法**。在這種情況下，即使歹徒的說詞再怎麼不自然，被害人心裡也只會想到兒子和孫子陷入危機，無法顧及其他。

鎖定獨居高齡者做為目標

轉帳詐欺發生率一直居高不下的原因，大致為以下提出的兩點。

首先是因為目前社會急速邁入高齡化，核心家庭已是普遍的現象，親戚之間也愈來愈疏遠。**高齡者不再和兒子、孫子住在一起，平常當然也沒什麼機會交談**。歹徒故做緊張的語氣打電話來，確實很容易讓他們誤認是兒子或孫子。另外，**高齡者通常也比較缺乏判斷力**，因此無法在短時間內，分辨出歹徒說詞的真偽。

其次是日本人普遍都有「家醜不可外揚，最好能夠私下解決」的想法，遇到是用錢可以解決的問題，他們就會決定賠錢了事。

＊**私設代收信箱**　由民間業者提供代收郵件和包裹的服務，也稱為民間代收信箱。郵局裡兼具收發功能的集貨中心，有一種專門收件的櫃子，稱為郵政信箱。

集團犯罪形式的轉帳詐欺

轉帳詐欺大多是集團式的犯罪，每個人各司其職，巧妙地設下陷阱。

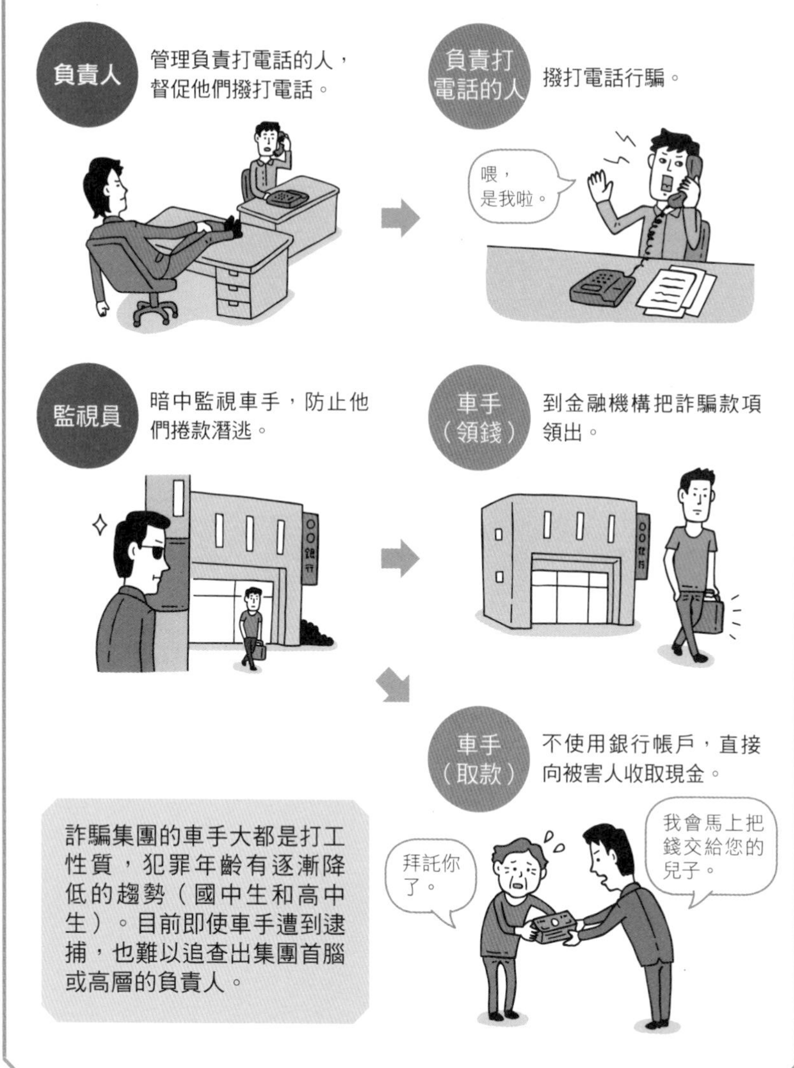

負責人
管理負責打電話的人，督促他們撥打電話。
負責打電話的人
撥打電話行騙。
喂，是我啦。
監視員
暗中監視車手，防止他們捲款潛逃。
○○銀行
車手（領錢）
到金融機構把詐騙款項領出。
車手（取款）
不使用銀行帳戶，直接向被害人收取現金。
拜託你了。
我會馬上把錢交給您的兒子。
詐騙集團的車手大都是打工性質，犯罪年齡有逐漸降低的趨勢（國中生和高中生）。目前即使車手遭到逮捕，也難以追查出集團首腦或高層的負責人。

＊自我催眠　自己催眠自己的情況，類似意象訓練法（Image training）或自我啟發。認為情況一定會依照自己的想法發展，而且會以自我暗示的方式說服自己。

迷信新興宗教的人與新興宗教的企圖

有些人會拋棄家庭或脫離社會，一心熱中於新興宗教，這些都是欺騙世人的邪教團體。

宗教與新興宗教的差異

同樣是宗教，依據成立的年代，稱呼方式也不同。如果擁有悠久的歷史與傳統，一般就稱為宗教，而十九世紀中期（幕府末期、明治維新之後）之後才創立的宗教，則稱為新興宗教*。

新興宗教也存在著各式各樣的團體，但令人遺憾的是，事實上，這些宗教大多是造成世間不安的**邪教團體***，或是假借宗教之名，行斂財之實的**詐欺教團**。

人們有選擇宗教信仰的自由，但有些宗教明顯讓人覺得「可疑至極」，甚至有些教祖最後因為詐欺或殺人嫌疑被捕。但是這些詐欺教團，在一開始總能吸引人們信奉。

精神控制的過程

每當新興宗教在世間引起騷動時，總會發現信徒具有異於常人的特性，緊接著，人們就會開始討論**精神控制***（Mind control）。

精神控制是操縱他人的一種手法，從這一點來看，到底信徒的所作所為，是依照自己的意志選擇，或是在一開始就受到第三人誘導，不禁令人感到懷疑。有些信徒完全聽不下教團以外的聲音，**這種情況應該就是受到精神控制，對教團的命令言聽計從**。

＊新興宗教　相對於傳統宗教稱之。新興宗教給人的印象相當負面，因此宗教學研究者為了保持中立，用「新興宗教」這個稱呼與既有宗教做出區別。

精神控制操縱人類心理的手法

有些人一開始覺得新興宗教相當可疑，但是「不知不覺之間成為信徒」。以下介紹操縱人心的精神控制手法。

1 接觸

尋找有煩惱或不安的人，或是刻意造成他人心理不安，再趁虛而入。

2 傾聽（善意的回應）

以溫柔的態度接近他人，一開始只是傾聽對方訴苦。

3 邀請參加聚會（善意的回應、權威性）

邀請對方參加自己加入的宗教團體聚會，並且不時在無意間提起他的煩惱與不安。

4 降低警戒心（低飛球技巧）

在聚會中盛情款待對方，此時還不會積極推廣教義。

5 與教祖或高層幹部見面（稀少性）

強調特別獲准與教祖或幹部見面。傾聽煩惱和不安後，講出意料之外而且一針見血的解答，讓對方感到佩服不已。

6 勸誘入教（一貫性原則）

當對方開始對教團產生好感時，邀請入教，但還是由他自己決定。

7 入教（恐懼感）

告訴對方必須透過虔誠的修行，才能解決煩惱和不安。推銷有關教義或釋道的書籍，有時可能販售念珠。

8 灌輸對團體的服從心（恐懼感）

以修行為名義，將人監禁在封閉環境中，將教義徹底灌輸進腦中。讓信徒對於違反教義，或是不利於教團的訊息，充耳不聞。

善意的回應

接受他人的善意之後，自然想給予回報。

低飛球技巧

一開始就提出高階的要求，必然會受到抵抗，從低處循序漸進，比較容易讓人接受。

權威性

強調與著名人士的關係，可以讓人獲得安心感。

稀少性

「這次是特別」或「這樣的機會非常難得」，這種說法可以強調稀少性。

一貫性原則

強迫自己言行一致，為了維持一貫性，心裡自然會認為「不可半途而廢」。

恐懼感

不斷強調脫離集團一定會遭遇不幸或遭逢劫難，藉此讓人心生恐懼。

＊**邪教團體**　此處的邪教一詞，源自法語Cult，是一種「狂熱崇拜」的現象，現在多指反社會類型的團體。冠上「Cult（邪教、邪典）」的詞彙，意指令人不自覺沉迷其中的事物。

使他人陷入精神遭到控制的狀態，大致上的過程如下：首先是消除目標的警戒心。①**尋找有煩惱或不安的人，或是刻意造成他人心理不安，再趁虛而入**。接著②熱心地傾聽，塑造良好的印象，降低對方的警戒心。③邀請對方參加聚會也不會遭到拒絕。④開始參加聚會後，更進一步加深良好的印象。接下來，⑤偶爾讓他和教祖、幹部見面，並且強調只有他能受到如此特別的待遇。

重複幾次之後，當初半信半疑的人，也會逐漸對教團變得愈來愈有信心，⑥等到對方入教之後，初期階段就算完成。之後，再**以「修行」的名義，將他監禁在封閉環境中，將教義徹底灌輸進腦中**。如此一來，信徒便會認為教團是獨一無二的真理，並成為一個絕對服從的人。

利用「奇蹟」讓信徒更加投入宗教

在新興宗教當中，不少教團都會標榜**靈感治療**，聲稱只要喝下教祖加持過的水，就能改善身體狀況，或是戴上加持過的項鍊，就能增強體內血液循環。當然，這些東西幾乎都沒有任何效果，只有少數真的有改善體質的效果。

堅定的信仰，的確會對身體帶來某種程度的影響，即使沒有任何實際效果，但深信有效而持續使用，當事人就會覺得好像真的有改善，這種情況稱為安慰劑效應。

對信徒而言，這樣的變化是一種**「奇蹟」的體驗**，致使他們更加熱中投入該宗教團體。一旦家屬或身邊的人對此感到擔心而出言告誡，信徒反而會覺得「不相信教義，才是可悲的人」，對於任何勸說都無法接受。

邪教團體與教祖的真面目

另一方面，**對信仰異常偏執的宗教團體，一般稱為邪教團體**，很多人應該會想到**奧姆真理教**。邪

＊**精神控制**　受到精神控制的當事人，並不會感到任何強制力。但洗腦是利用物理上的暴力（拷問、藥物等）或精神上的壓迫，強制將特定的主義、思想灌輸進當事人腦中。

教團體的共同特徵就是，信徒都認為教義是**末世思想***，同時還會利用精神控制等惡劣手段來獲得信徒，指使他們從事各種**反社會行為**。新興宗教的種類繁多，其中邪教團體如上所述，總是素行不良，因此被稱為**「破壞性的邪教」**。

邪教團體還有一項特性，就是敵視社會和信徒以外的人。他們徹底相信教團組織是善的表徵，其他團體或個人都是邪惡的化身。教祖要求信徒必須與社會和家屬斷絕關係、捨棄過去，一切以教團組織為優先，置個人權利於度外。信徒認為，唯有完成服從教團組織，才能得到內心的祥和，反對教義或是想脫離教團的人，將會遭遇可怕的制裁。

這類教團的**教祖**，**大多是心裡抱持著強烈的自卑感，因而形成心因性偏執性格或病態性說謊**（➧一〇八頁）**的性格，對於死亡的強烈恐懼心，令他們將暴力行為合理化，並且擴大規模，演變至對社會及國家發動攻擊**。

犯罪筆記

奧姆真理教事件與麻原彰晃

奧姆真理教的教祖麻原彰晃（本名松本智津夫），幻想以救濟為名統治日本，並且自己以此稱王，私下製造小型手槍及生產化學武器，將教團武裝化，實行無差別式的恐怖攻擊。犯下數起震驚世界的案件，例如：一九八九年的坂本律師一家殺害事件、一九九四年的松本沙林事件，以及一九九五年地下鐵沙林事件（造成十二人死亡，數千人受傷）。

麻原彰晃自稱是日本唯一的「最終解脫者」，在教團中，教祖稱為尊師（梵語：Guru），出家信徒稱為沙曼（Samana），教義預言宣稱一九九七年將發生「末日聖戰（Armageddon）」。教團組織採用省廳制，全日本分二十二個省廳，分別設置大臣和次長，組織內尊奉上情下達的架構。

＊**末世思想**　這個思想認為每一段歷史都有終止的一天，歷史的存在就是為了迎接結束。也就是說，世界迎向終止→真正的幸福在下一個世界→人類不應該被束縛在現實這個世界。

TOPICS 5

金錢慾望引起的保險金詐欺和融資詐欺

保險金詐欺意指通過已經載入的保險契約中，騙取保險金或給付金，理所當然是一種犯罪行為。

以人身保險為例，主謀一開始就會幫被保險者投保多家保險，之後再將之殺害或使之身負重傷，藉以領取保險金。

詐領損害保險的情況，是指刻意損壞投保物品，偽裝成非人為過失來領取保險金。交通事故也是騙取保險金的手法，有些人實際上並沒有前往醫院接受治療，卻申請醫療保險金，或是故意遭遇交通事故造成傷殘，藉此騙取保險金。

另一方面，融資詐欺意指假意貸款給被害人，並以保證金或保險費等名目，要求被害人事先支付金錢，最後當然不會貸款給被害人。被害人支付款項給詐欺業者之後，業者只會單方面告知「因為信用評等不足，導致無法融資」，之後就再也聯絡不上，被害人此時才會發現整個過程是一場騙局。

近年來，東京都將這種個人為目標的詐欺事件急速增加，以個人融資的詐欺事件命名為「借你錢詐欺」，希望能夠喚起大眾的注意。無論是保險金詐欺或是融資詐欺，都是出自於金錢慾的犯罪。

第 5 章

家庭內發生的暴力行為與虐待

丈夫對妻子暴力相向

暴力後的溫柔，讓妻子總是原諒丈夫，兩人一同陷入難以自拔的泥淖。

家暴最大的特徵是不斷循環以下三種時期：首先是**積蓄期**（形成期：無法滿足某種心理需求，導致壓力不斷累積的時期）；**爆發期**（壓力累積至超出界限，突然開始暴力以對）；**蜜月期**（安定期：壓力發洩後的狀態）。

互相依賴的關係

家暴通常也是一種典型的**相互依存***關係。男性一直依賴著自己暴力相對的女性，而女性也依賴著這樣的男性，滿足心中「被需要的慾望」。

具有家暴傾向的人，一般來說都是傳統的男性，為了強調自己的男子氣概，會刻意表現得很有才幹，或是虛張聲勢，以指責他人的缺點為樂。而且，

虛情假意的溫柔總能奏效

日本二〇〇一年，**家暴防制法***上路，**家暴（DV）**一詞也更加廣泛滲透到生活之中。

過去，相親結婚是主流，結婚之後才開始與配偶互相認識的情況，並不罕見。再者，當時女性自力更生的管道非常少，即使丈夫會使用暴力，妻子也只能忍耐。

現在這個時代，一旦發現丈夫（或是戀人）有暴力傾向，馬上可以提出離婚或分手，但是男性在**使用暴力後展現的「溫柔」，總會讓女性認為「他其實是個好人，只是不擅長表達」、「沒有我，他一定什麼也做不了」，最後還是原諒了對方**。

* **家暴防制法**　「防止受到配偶暴力相向及保護被害人的相關法律」，目的在於防止伴侶粗暴對待，針對加害者發出保護令與禁制令。

這些男性大多具有較高的社會地位，因此，他們喜歡挑選無法反擊的人，做為施暴的對象，而配偶和戀人就最容易成為目標。

對於有家暴傾向的男性而言，最理想的妻子和戀人，就是**社會化程度偏低、極度依賴，並且和自己一樣抱持著強烈自卑感**。

一旦陷入這樣的關係，便很難憑藉自己的力量脫離。為了改變狀況，尋求專門機構的幫助，才是確實的方法。

疑似家暴的狀況

如果遇到有人具備以下的暴力傾向，最後演變成家暴的可能性非常高。在關係更深入之前，最好先找專門機構諮詢。

- ☐ 不承認曾經使用暴力，認為自己的言行並不是什麼嚴重大不了的事。
- ☐ 把自己的暴力行為都怪罪到對方身上。
- ☐ 抱持著強烈的自卑感，相當在意旁人對自己的評價。
- ☐ 極度依賴配偶或伴侶。
- ☐ 要求配偶或伴侶必須符合自己理想中的標準。
- ☐ 經常為了小事動怒。
- ☐ 很少親密的朋友。
- ☐ 男性的雙親過去有家暴的紀錄。

等

＊**相互依存**　束縛在特定人物或人際關係當中的狀態。常見的情況有「不願讓孩子獨立的雙親和無法離開雙親的孩子」、「行使暴力的丈夫和不斷忍耐的妻子」。

03 虐待自己的孩子

許多雙親個性衝動，生起氣來就不顧後果，還將自己的暴力行為正當化。

虐待兒童的案例持續增加，已刷新過去的紀錄

二〇一〇年夏天，大阪發生兩名幼兒慘遭餓死的事件，這則新聞傳遍全日本。受害的幼兒分別是三歲的女孩和一歲的男孩，母親只顧著在外遊玩，遺棄尚在襁褓的親生骨肉長達五十天。**遺棄***（Neglect，**放棄扶養**）造成悲慘的結果，令許多人深感震驚。

根據統計，日本**虐待兒童***（**幼兒**）的案件，從一九九〇年起持續增加，截至二〇一三年度，首次超過七萬件，打破過去的最高紀錄。隨著核心家庭數量增加，育兒環境日漸封閉，外人很難察覺虐待幼兒的情況。或許正因如此，發生頻率才會愈來愈高。

對世間的恐懼將根深柢固留在心裡

對兒童的虐待可分為以下四種類型。

①**身體虐待**：毆打、踢踹等直接暴力

②**心理虐待**：利用語言和行動展現的暴力（包含以刀械威脅）

③**遺棄**（**放棄扶養**）：不給孩子食物，或是不讓他們洗澡、換衣服等

④**性虐待**：與兒童性交、使用猥褻的言語責罵、讓兒童觀看猥褻的圖畫、觸摸兒童的性器、強迫兒童觸摸自己的性器等。

＊**遺棄**　也稱為怠慢扶養，心理虐待和身體虐待也包括在內。具體來說，就是不給孩子吃飯或穿衣服，或是不幫孩子清理排泄物。

虐待兒童的雙親，**多數都是個性衝動，生起氣來就不顧後果的類型**，無法冷靜思考「這麼做會對孩子造成什麼影響？孩子有什麼感受？」，而且還認為：「自己會暴力相向，都是因為孩子做錯事」，**將自己的行為正當化**。

另一方面，日常遭受雙親暴力對待的孩子，**會在心理不安定的情況下成長**。即使長大成人，對害怕雙親的想法仍根深柢固留在心裡，進而在無意識之中，對世間抱持著恐懼。這些孩子自小對父母唯命是從，任何事情都無法依照自己的想法去做。結果，造成孩子自我評價過低，難以建立正常的人際關係，種種問題讓他們在社會上活得相當辛苦。

虐待兒童的類型

除了毆打、踢踹等暴力行為，其他還有許多虐待的形式。雙親不自覺的無心之言，往往造成孩子心中的痛苦。

身體虐待

毆打、踢踹等暴力行為，造成孩子身體上的傷害。

心理虐待

無心之言傷害孩子的心靈。

遺棄（放棄扶養）

不給孩子食物，不讓他們洗澡、換衣服，或是生病時不帶去就診。

性虐待

與兒童性交、使用猥褻的言語責罵、讓兒童觀看猥褻的圖畫、觸摸兒童的性器、強迫兒童觸摸自己的性器等

＊**虐待兒童**　虐待兒童防制法規定「任何人皆不可虐待兒童」。實際案例中，施虐者身分的排序是親生母親、親生父親、繼父、繼母，親生母親虐待骨肉的比例占壓倒性多數。

代理型孟喬森症候群

虐待兒童的案件中，有一些少數的特殊案件稱為**代理型孟喬森症候群***，且看以下說明。

一九七七年，英國小兒科醫師**梅鐸**發現**「母親捏造孩子生病」**的現象，進而提出這項症狀。

利用巧妙的手法矇騙醫療機構，聲稱自己是病人，企圖引起周遭人們的同情與關心，這就稱為孟喬森症候群（Munchausen syndrome）。有些母親以「代理人」的身分，刻意傷害孩子，扮演「孩子體弱多病，費盡心思照料的慈母」，藉此吸引旁人的同情與關心。而有些母親讓孩子住院，只為了減輕自己育兒的負擔。這樣的情況在精神醫學上，歸類為**人為疾患***的一種。

這些人的手法巧妙且多樣，例如：暗中在孩子的食物裡添加毒物，在點滴中混入汙水，或是餵食孩子大量藥物，使其陷入中毒狀態。會這麼做的母親，並不是以傷害孩子為目的，只是為了讓自己獲得精神上的利益，但長期下來反覆、持續這些行為，勢必對孩子造成重大的傷害，甚至因此害死親生骨肉。

漢賽爾與葛麗特

事實上，孩子本能都能察覺雙親對自己所做的一切，但是因為他們沒有獨立生存的能力，也無法憎恨虐待自己的雙親，**甚至在潛意識中認為必須順從，才不會遭到雙親遺棄**。

舉例來說，格林童話中有一則《漢賽爾與葛麗特》，內容描述作物歉收的時期，一對父母因受不了饑荒之苦，將自己的孩子遺棄在森林裡，企圖減少家裡的人口。遭受母親拋棄的幼小兄妹，在森林裡迷了路，被魔女抓走。但是在故事中，他們非但不怨恨雙親，還一心想回到家中與雙親團聚。

這樣的案例，在美國每年都會發生一千件左右，

***代理型孟喬森症候群**　孟喬森症候群的其中一種型態，也是一種人為疾患。病名源自於著名童話《吹牛男爵孟喬森》。

其中許多孩子在旁人察覺異狀之前，就已失去生命。

二〇〇八年度的統計結果顯示，在日本遭受虐待致死的兒童有六十七名，其中百分之四・五，亦即三名兒童，就是因為雙親患有代理型孟喬森症候群而失去性命。推測應該還有更多潛在案例，因為孩子沒有死亡，所以還未爆發出來。有些醫師會對沒有生病的孩子，開立不必要的注射和藥物處方，在不知情的狀態下成為虐待的幫兇。

代理型
孟喬森症候群

此病症患者絕大多數為女性，獨自一人扶養孩子的情況，更是容易誘發該症狀的原因。若發現以下情況，即為此病症的警訊。

- ☐ 孩子住院診療多次卻找不到明確病因。
- ☐ 孩子的症狀和檢查結果不一致。
- ☐ 母親的談話內容有不尋常的虛偽之處。
- ☐ 即使在醫療機構接受適當治療，孩子的病情卻不見改善。
- ☐ 母親不在孩子身邊時，病情即見改善。
- ☐ 母親擁有豐富的醫學知識，看似熟知每一種檢查與處置的目的。
- ☐ 即使告知母親，檢查可能對孩子帶來極大的痛苦，母親仍不為所動。
- ☐ 孩子的病情嚴重時，母親表現得極為平靜，反之，當孩子情況穩定時，母親則開始焦躁不安。

＊**人為疾患**　屬於一種精神疾病，患者經常謊稱病情。不同於裝病（為了獲得經濟上或社會地位上的利益，偽裝成患有疾病的詐欺行為），人為疾患是需要治療的對象。

04 孩子對雙親施暴

過度寵愛，將導致孩子對雙親施暴，孩子會反過頭來指責「都是雙親的錯」。

孩子的暴力行為，逼得雙親走投無路

一九九六年，一名十四歲少年遭到父親用金屬棒毆打致死（**東京湯島金屬棒殺人事件***）。這名被害的男國中生，**兩年以來一直對雙親暴力相向，遭受兒子家暴的父親，最後走投無路才犯下罪行**。

承上所述，孩子對家人連續施行暴力的情況，其實暗藏著危機，總有一天會演變成可怕的事件。

在家庭內對雙親施以暴力的孩子，可以分為兩種類型。第一類是**成長於暴力傾向的家庭**。這些孩子自小就目睹雙親之間的暴力行為，日後長大成人也就具有暴力傾向。因為他們學習到，若想讓他人遵循自己的要求，使用暴力是最具體的有效方法。

「好孩子」竟然也會行使家庭暴力？

另一種類型，就是雙親在社會上都有穩定職業，**生長於家庭經濟環境優渥的「好孩子」**。事實上，行使家暴的孩子，以第二種類型居多。先前提到的金屬棒事件，施暴的兒子就是在這種令人稱羨的家庭中長大。

家庭條件優厚的「好孩子」，為什麼會對雙親施暴呢？原因十分錯綜複雜，必須多方面深究，但最常見的案例，就是這些孩子**都有神經質的傾向，心裡經常抱持著不安的感覺，並且不擅於表達自己的想法，再加上雙親過度干涉孩子的人生**。

到了青春期，在學校生活中遭遇挫折或考試成績

（↘承左頁）一開始是對母親施暴，之後矛頭指向父親，長時間以來，雙親只能一再容忍。事發的那天早上，他看著兒子熟睡的模樣，心想：「今天又要被他毆打了。」接著便動手行凶。

不理想，之後心裡充滿鬱悶感，於是便怪罪「一切都是雙親的錯」，並對他們暴力相對。這樣的行為其實是幼時溺愛帶來的結果，而且雙親認為接受孩子的暴力行為，是愛的表現，因此也就逆來順受。這樣的關係也是一種**相互依存**（見第一二七頁）。

這種家庭暴力，除了毆打、踢踹等身體暴力之外，還包括惡言相向、持續視而不見、不斷反抗雙親、強行向雙親索討金錢，或是足不出戶成為繭居族。

孩子對雙親暴力相向的家庭

孩子對雙親暴力相向的家庭，分成兩種類型，在日本以第②種類型占絕對多數。

① 夫婦間暴力相向的家庭

孩子是家暴的目擊者。生長在日常生活充滿暴力的家庭裡，認為使用暴力解決問題，是理所當然的手段。

② 孩子個性有神經質傾向，心裡抱持強烈的不安，無法順利表達自己的想法，加上過度干涉的雙親

青春期遭遇挫折，怪罪在雙親身上，因而愈發蠻橫。雙親對孩子的暴力行為逆來順受，導致孩子更加依賴雙親。

＊**東京湯島金屬棒殺人事件**　這起事件發生在東京都文京區湯島，一名男子向警方自首：「我殺了自己的兒子。」該名男子供稱，自己長年遭受兒子暴力相向。兒子自從上了國中，就有家庭暴力的傾向，（接右頁↗）

虐待高齡者的原因

因為沒有盡頭的照護生活而身心俱疲，最後導致虐待行為。

被虐待者七成是失智症患者

有時候我們會在電視上看到，居住在老人福利設施內的**高齡者受到虐待**的新聞。

虐待高齡者的情況，有年年增加的傾向，主要**發生在照護者與被照護者之間，有時候也會發生在家庭內**。

具體而言，有以下五種虐待類型：**①身體虐待、②心理虐待***、**③經濟虐待、④遺棄（導致生活環境惡化的行為）、⑤性虐待**。

根據統計報告，**遭受虐待的高齡者，多數處於患有失智症*的狀態**。失智症患者的言行舉止毫無邏輯，造成照護者精神上各種壓力，也是導致虐待的原因之一。

另外，長年來以「嚴格的雙親與順從的孩子」這種模式相處的家庭，**隨著雙親邁入高齡，家庭內的權力平衡因而瓦解，也可能引起孩子的虐待行為**。

一個人**獨自照護**高齡者的情況，長年下來可能使照護者積勞成疾，或是盡心盡力照護，造成精神過度緊繃。**長期照護高齡者，帶來經濟上的困頓，或是旁人毫不關心的態度，使得照護者處於孤立無援的狀態，最後只能透過虐待行為來發洩**。

為了防止虐待一再發生，需要整個社會付出關心，避免讓高齡者與其家庭陷入孤立的情況。

＊心理虐待　也稱為精神虐待，諸如：語言暴力、咒罵、羞辱、恫嚇、無視、拒絕、踐踏自尊心等行為。監護人在無意識間過度干涉孩子也包含在內。

虐待高齡者的形成原因為何？

除了施虐者本人的問題以外，高齡者的性格，或因失智症而產生的失序行為，也可能是造成虐待的因素。

社會環境等因素

- 家庭或旁人對照護一事毫不關心
- 老老照護（▸▸七〇頁）及獨自照護的情況日益增加
- 不符合需求的照護管理制度
- 與鄰人關係薄弱，孤立於社會之外

虐待者

- 照護帶來的疲勞
- 人格與個性
- 疾病與傷害
- 照護知識不足
- 排泄護理困難
- 生活困苦

人際關係

關係不良
精神上的依賴
經濟上的依賴

高齡者

- 失智症引起失序言行
- 身體自主性低落
- 人格與個性

（取自東京都福祉保險局網頁）

＊**失智症**　出生之後原本正常發展的各種精神功能慢性退化、消失，導致無法自主管理日常生活、社會生活的狀態。過去稱為「老人痴呆症」，由於帶有歧視意義，故不再使用。

虐待小動物是扭曲的支配慾表現

虐待小動物的青少年，犯下震驚社會的殺人事件。

三起事件的共通點是虐待動物

幼小的孩子在成長過程中，難免會虐待昆蟲或青蛙等小動物，但一般來說，隨著年齡增長，道德觀念愈來愈強烈，就不會再做出虐待行為。然而，有些人即使長大之後，還是持續虐待小動物，而且行為愈發失控，甚至形成**欠缺良心的性格，或具有暴力傾向的性癖**。

舉例來說，**大阪教育大學附屬池田小學兒童殺害事件**（➡八一頁）的犯人宅間守，他在犯下這起案件之前，就已經有許多犯罪前科，其中包括虐待貓、狗等小動物的案件。**神戶連續兒童殺害事件**（➡二四三頁）的少年犯酒鬼薔薇，殺害貓之後，將屍體放在醒目之處，躲在暗處觀察他人的反應，以此為樂。

二〇一四年發生在長崎的**佐世保女高中生殺害同學事件***，經過調查，犯人曾經多次解剖貓隻。從這些案例可以發現，**殺人犯確實具有虐待動物的傾向**，兩種之間必有某種程度的關聯。

虐待動物是暴力事件的開端

上述提到的事件，並非特殊的案例。根據調查報告，少年虐待動物的比例，一般國中生約占百分之四〇，犯下非暴力事件的少年犯約百分之五五，暴力事件的少年犯則約占了百分之八〇。也就是說，**暴力事件的少年犯，與一般國中生相比，虐待動物**

＊**佐世保女高中生殺害同學事件**　發生於長崎縣佐世保市。一名公立高中女學生，殺害獨居於公寓的女同學，並且切斷她的頭部和手腕。

的頻率高出兩倍。

虐待動物可以說是人類行使暴力的第一步。美國警方認為虐待動物事件，是暴力案件的重大徵兆，某些州特別對這種情況設立嚴重的刑罰。

虐待小動物的心理

虐待小動物的心理有許多形成原因，**其中一項是在孩提時期受過虐待**。他們在受到家人或旁人虐待之後，便尋找比自己弱小的小動物，做出相同的行為。

再者，虐待小動物也像是一種**報復心**＊（➡六五頁）的表現，人們會將自己心裡的憤怒加諸在小動物身上。

無論是什麼樣的個案，虐待動物都代表著**家庭內的人際關係**存在著問題。調查報告指出，虐待寵物的家庭，無論加害者是雙親或孩子，該家庭內的孩子大多都遭到虐待。

犯罪 筆記

虐待動物是違法行為，的確有人因此遭到逮捕

虐待動物是觸犯法律的行為。日本法律明文規定，某些動物屬於「愛護動物」，對該種類動物施以虐待行為者，將受到動物愛護及管理相關法律（動物愛護管理法）制裁。

舉例來說，殘殺愛護動物，或使其受傷者，處一年以下徒刑或一百萬日圓（譯註：約新台幣二十七萬元）以下罰金，遺棄愛護動物者，處五十萬日圓（譯註：約新台幣十四萬元）以下罰金。

二〇一二年，大阪府和泉市發生一起虐待事件，共有一百六十一隻養殖犬遭到虐待。這些犬隻被女性飼主置於衛生條件惡劣的環境中，並且沒有接受適當餵食，該女性以虐待動物罪名遭到逮捕。女性飼主聲稱「這些狗都是家人」，對犬隻抱持著異常的感情，但實際上卻對犬隻做出極為惡劣的行為。

＊**報復心**　也稱為報仇或復仇。受到殘酷對待的人，對執行者採取相同的攻擊行為。日本在近代之前，認定報仇（復仇）或反擊是合法行為。

TOPICS 6

遭受家暴的女性，逃入收容寺廟

二〇一三年五月，神奈川縣伊勢原市發生一起殺人未遂事件，前夫手持菜刀攻擊前妻。這對夫妻結婚後，丈夫就對妻子施以各種暴力行為，包括肉體及精神層面。妻子懷孕後，下定決心逃回娘家，丈夫卻四處散發中傷傳單，或在半夜跑到女方娘家踹門叫囂，妻子生產後，四處以收容中心為家，過著提心吊膽的日子。二〇一二年，前夫找到前妻的住所，並且在二〇一三年雇用偵探，監視前妻的生活起居，當年五月，前夫終於犯下前述罪行。

根據內閣府調查，每三名女性就有一人遭受家暴傷害。也就是說，看似平凡無奇的情侶或夫妻，在背地裡可能連續發生家暴。如上述事件，如該夫一般個性執著的家暴跟蹤狂，也是屢見不鮮的情況。二〇〇一年，家暴防制法（➡一一六頁）開始實施，之後依據被害人遭遇的實際情況，又經過兩次修正，務求擬訂出更加確實的保護、救濟對策。有些逃離家暴的女性，即使尋求婦女諮詢中心或警局協助，仍舊逃不過加害人的糾纏，因此各地開始設立收容所（Shelter，亦即俗稱的收容寺廟）。目前各都道府縣皆依規定設置公立收容所，為無家可歸或遭受家暴傷害的女性，提供各方面的協助。

第6章

不良少年心裡隱藏的陰暗面

01

過去的偏差行為與現在的偏差行為，有何差別？

過去是因為生活困苦，走投無路才犯罪，現在則是覺得有趣而犯罪。

貧困導致心理不平衡，無法適應社會生活

有一部以拳擊為主的漫畫，名為《小拳王*》，故事內容描寫主角矢吹丈的成長過程，他從小生活在**兒童養護設施***，原本是個不良少年，之後接觸了拳擊，踏上職業拳手之路。

《小拳王》當然是一個虛構的故事，但過去的「**不良少年**」，的確就如作品中的矢吹丈，最常見的特徵就是「**單親或是父母雙亡**」、「**經濟條件困頓**」。

許多研究結果指出，貧困與犯罪之間，確實有深厚的關係（➡三四頁）。世界各國也證實貧困可能是誘發犯罪的原因，第二次世界大戰之後，日本的不良少年大多出身於貧困家庭。

然而，輕易將貧困與犯罪劃上等號，其實並不能解決問題。**或許貧困會造成少年的心理不平衡，覺得在社會上受到歧視**。但是，社會無法改善貧困的原因以及歧視的情況，才是主要的癥結所在。

覺得有趣而犯罪

近年來，上述**典型的不良少年**已經愈來愈少見，反倒是**經濟條件優渥，在學校裡成績也不錯的學生，因為感到生活無聊，覺得有趣而犯罪**的案例日

＊**小拳王**　原作是梶原一騎，千葉徹彌原畫。一九六八年～一九七三年在《週刊少年雜誌》連載，之後在淀號劫機事件中，犯人引用做為犯罪聲明，因而風靡一時。

益增加。傳統的少年犯罪是因為貧困或反抗社會不公；而覺得有趣而犯罪，則是受到朋友慫恿，為了滿足好奇心或追求刺激，犯罪本身就是目的。

舉例來說，**店內行竊**（➤一七四頁）可說是**初犯**的代名詞，但現在到店裡偷東西的情況，並不是因為「沒有東西可以吃」，走投無路才鋌而走險，幾乎都是受到朋友慫恿，覺得有趣才下手行竊。這些少年罪犯，隨著年齡增長從學校畢業之後，只有少數人會涉入情節嚴重的犯罪。

少年犯罪原因的轉變

同樣是「少年犯罪」，隨著時代轉變，原因和型態也產生變化。現在的少年，幾乎都把犯罪當成一種遊戲。

過去的不良少年

貧困　反抗社會

現在的不良少年

當成一種遊戲　覺得有趣

借騎一下而已，應該沒關係。
反正不會被人發現。

＊**兒童養護設施**　依兒童福祉法設置的兒童福利設施之一。目的是收容失去監護人或遭受虐待的兒童，給予必要的照顧。原則上，收容的對象年齡為一歲至十八歲。

偏差行為意指少年所為的犯罪

未滿二十歲的少年（少女）所為的犯罪，以少年法分類為「偏差行為」。

重大事件也歸類為「偏差行為」

「偏差行為」意指「違反道德的不正當行為」（《廣辭苑》），在日本社會中，少年法（▼二二二頁〔譯註：台灣為「少年事件處理法」〕）定義「偏差行為」是**未滿二十歲少年*****犯下的罪行、觸法行為及虞犯（極有可能犯罪的狀態）**的總稱（▼二一六頁）。也就是說，不管多重大的罪行，若是少年所為，就被歸類為「偏差行為」。

日本對於犯罪的少年，原則上是以**保護矯正教育做為優先處置的大前提**，目的是希望不動用刑法的刑事懲罰，改以保護矯正的方式重新教育少年。

但是，這樣的處置不包括殺人等重大犯罪的情況。二〇〇〇年，日本政府修正少年法，從過去十六歲以上才送交檢察官提訴，改為十四歲以上，如此一來，**便能夠依犯罪情節嚴重程度，交由檢察官提訴，讓少年犯進入少年監獄服刑**。

比起二〇〇三年最高峰時，日本近年來，遭起訴的少年刑事犯有減少的傾向。即使考慮少子化帶來影響，整體來說確實還是有減少。同時，少年引起的凶惡事件，長期以來似乎確有減少並漸趨穩定。

二〇一二年，少年偏差行為（犯罪）的罪名種類，年少少年（十四、十五歲）為竊盜約占六成，年長少年（十八、十九歲）汽車事故過失致死、傷害的比例約占四成。

***少年**　在日本，未滿二十歲，不分男女性別皆稱為「少年」。另外，少年監獄只收容男性受刑人，女性少年受刑人則與成年女性收容於相同設施。

不良少年的類型

在日本，偏差行為意指未滿二十歲者，觸犯刑罰法令的行為，不良少年可分為以下三種類型。各項罪名所占比例，依年少、中間、年長各有變化。

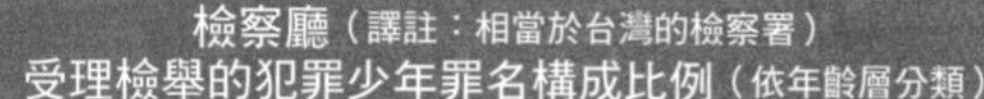

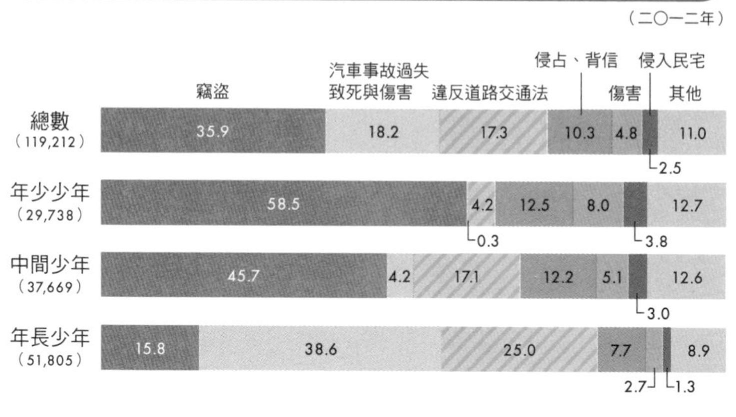

不良少年的形成原因

許多學者正致力研究不良少年的形成原因。

格魯克夫婦提出多元因子論

美國犯罪學學者**格魯克夫婦***，花費三十年，針對少年偏差行為展開大規模研究，企圖找出不良少年的形成原因。他們**排除經濟狀況與人種的差別，對不良少年與一般少年進行比較**。

格魯克夫婦收集兩種少年各五百人做為樣本，調查他們的家庭與鄰居等社會文化條件、身體、智能、性格、氣質等四百樣以上項目的差異，並由這些差異整理出不良少年的特徵。研究結果顯示，兩者之間的差異在於性格特性因子、人格特性因子與社會因子（**多元因子論***）。

以下列舉不良少年的特性。

- **性格特性因子**：對社會現況不滿、具反抗性、易猜疑、破壞傾向、情緒起伏不定等
- **人格特性因子**：愛好冒險、行動外向、容易接受暗示、頑固、情緒不穩定等
- **社會因子**：嚴格的父親情緒化的管教、母親不合理的要求、雙親缺乏對孩子的關愛，甚至抱持敵意、家庭關係不和諧等

這些特徵，在日本也是用來預測可能造成不良少年的指標。

但是，也有學者指出，**這個方法只是提出許多不良少年的形成因素，卻未說明各項因素互相影響的結果，因此稱不上是嚴謹的理論**。

＊格魯克夫婦　薛爾頓．格魯克與艾琳諾．格魯克（Sheldon Glueck and Eleanor Glueck），以「多方面近身觀察和精神分析理論」為基礎，利用統計調查的方式，試著找出不良少年的形成原因。

格魯克夫婦提出的「不良少年的形成原因」

格魯克夫婦提倡多元因子論，彙整出以下不良少年的形成原因。

●性格特性因子

對社會抱持強烈不滿，充滿敵意，個性易猜忌。具有破壞傾向，情緒起伏不定。

●人格特性因子

擁有反威權主義的冒險精神，個性外向，喜歡以直接且具體的行動來表達內心的想法。

這個老師簡直不可原諒。
我要跟他說個明白！

●社會因子

父親管教嚴格卻又情緒化，母親總是提出不合理的要求，雙親不關心孩子，甚至抱持敵意，家庭關係不和諧。

●中胚層體型是其特徵

肌肉與骨骼大多發育良好，較少見肥胖或瘦弱者。

＊多元因子論　該理論指出不良少年的形成並非來自單一原因，應考慮更複雜且多元的因素，希望透過各種人際關係面相，找出不良少年與正常一般少年的差異。

凡事都怪罪於他人的性格

在探討現代不良少年的成因時，可以套用美國社會心理學學者**韋納**（Bernard Weiner）提出的**歸因理論**＊來做分析。歸因理論意指**不同類型的人們，對於失敗與不滿的原因歸屬各有差異**。韋納認為人們對成功與失敗的（原因）歸屬，在面對下一個課題時，會決定對成功與失敗的期待程度（積極度），進而影響其後的行動（為了達成目標所做的行動）。

歸因理論將人們分為**內在歸因**與**外在歸因**兩種類型，前者會將成敗結果歸因於自己的性格等內在因素，後者則歸因於狀況與運氣等外在因素。不良少年通常**不認為成功或失敗的原因在自己身上（內在歸因），反而大多怪罪在家庭、雙親或學校等外部因素（外在歸因）**。另外，他們還會將自己應負的責任，推卸到他人身上。

不管做什麼都覺得徒勞無功的無助感

不良少年在經歷多次失敗後，全都歸咎於外在因素，漸漸地就會自暴自棄，認為「反正我做什麼都沒用」、「反正這個社會已經放棄我了」。長期下來，**「不管做什麼都不會順利，所以怎麼做都沒有意義」這樣的想法，自然而然植入心中**，美國心理學學者**賽里格曼**（Martin E. P. Seligman）稱之為**「習得的無助」**。

心裡抱持著無助感的少年，也就更可能誤入歧途。

不良少年喜歡群聚

然而，經歷不同文化的人們，心裡抱持著衝突，也是造成犯罪的原因（文化衝突理論，▶▶二二六頁）。每個人都會在成長環境中，學習到周遭的文化。不良少年的形成模式，即是由一群不屬於中產階級的

（↘承左頁）內在歸因類型的人，總是將失敗的原因歸咎於自己的態度或性格。外在歸因類型的人，認為失敗的原因是旁人、組織或制度的過錯，也可以說是慣於推卸責任。

少年組成的非法集團，因為他們在那裡可以找到安定的棲身之處。

社會是由多數小團體組成，這些小團體既定的思考與行為模式稱為次文化，美國社會學學者**柯恩**（Albert K. Cohen）將不良少年常見的特性，稱為**「犯罪次文化」**。

一般來說，不良少年幾乎都是**加入某個既有的犯罪集團，才開始跟著涉入犯罪**。舉例來說，因為一時興起在店內行竊的少年，或是在班上遭受霸凌的少女，很容易受到犯罪集團的引誘，成為其中一員。他們認為可以在集團裡找到歸屬感，進而染上惡習。

犯罪集團的成員，都是對現況感到無助的少年，而且心情總是感到極度不安，若不是在集團裡互相扶持，就無法採取任何行動。同時，犯罪集團中通常有老大和小弟，階級制度十分明顯。若能在集團中獲得「上位」，就會覺得更安心，而位居「下位」的少年，只能服從上位少年的命令，結果犯下情節更嚴重的罪行。

犯罪 筆記

習得的無助——「賽里格曼之犬」

賽里格曼利用兩隻狗實行不同的電擊實驗，其中一隻狗在房內設有可以停止電擊的按鈕，另一隻狗沒有停止裝置，只能不停接受電擊。

之後再把兩隻關到同一個空間，四周的柵欄是狗可以跳過的高度，接著讓兩隻狗接受電擊，先前知道有方法可以停止受到電擊的狗，這一次也躍過柵欄避免電擊，但是沒有停止裝置的狗，卻沒有採取任何行動，只是認命地持續接受電擊。

透過這個實驗，賽里格曼了解到，對現狀感到無助的想法，其實也是經過學習的結果。

*** 歸因理論** 韋納提出的內在歸因分為穩定因素（能力等）和不穩定因素（努力等），外在歸因也分為不穩定因素（運氣等）和穩定因素（問題的困難程度等）。（↗接右頁）

少年與青少年犯罪情節愈來愈嚴重

社會化的教育方式，決定偏差行為是否演變成更嚴重的犯罪。

社會化的參照團體

社會化*的定義是「**個人融入所屬的社會或團體，成為其中一員的過程**」。對孩子而言，除了家庭生活之外，在托兒所和幼稚園內，跟著學校老師和同學一起成長的過程，就是一種社會化。在這段期間，孩子會遇上各種團體，學習社會的規矩，成為一個正直的人。

這些**對人們的價值觀、信念、態度和行動帶來影響的團體**，稱為**參照團體***。

對孩子而言，參照團體就是家庭和學校，對於高中畢業後就開始工作的青少年而言，職場就是他們的參照團體。

也就是說，孩子們就是在參照團體中逐漸社會化。因此，我們不難想像，所屬的參照團體的特性，將使得孩子們的社會化過程也隨之改變，對人格的養成也會帶來極大的影響。

社會心理學學者**安倍淳吉**（➡四二頁）強調，若想透過青少年的社會化過程，找出偏差行為的原因，必須深入思考人格、文化與社會的相互關聯性。之後，他根據上述原則，提出**社會化**和**偏差行為（犯罪）的深度理論**。

另一方面，社會心理學學者新田健一以安倍淳吉的犯罪深度理論為基礎，探討犯罪情節的進展階段，分析大量的數據，提出犯罪進展的判定基準。

＊**社會化**　一般而言，從幼兒期到兒童期是第一次社會化（學習基本生活習慣），兒童期後期到成熟期是第二次社會化（習得各種社會角色）。

偏差行為深度Ⅰ、Ⅱ

安倍淳吉將偏差行為（犯罪）深度分為四個階段。孩子在社會化當中，犯罪程度愈來愈嚴重，活動範圍也會變得更大（Ⅲ、Ⅳ階段，請見第一五一頁）。

第Ⅰ階段

社會化

幼年期、少年期。家庭對孩子的行為影響最大的時期。

犯罪程度

- 家庭暴力
- 校園霸凌
- 在通學路徑的店家裡行竊　等

活動範圍侷限在家庭與學校，犯罪行為一旦敗露，很容易發展成社會問題。

第Ⅱ階段

社會化

青春期。活動範圍漸漸拓展到學校區域外，興趣也愈來愈廣泛。

犯罪程度

- 店內行竊
- 偷竊機車或自行車
- 騎機車橫衝直撞　等

在學校老師和家人沒看到的地方，抱著好玩的心態，結夥犯罪的情況增加。多數犯罪沒有經過事先計畫，而且當事人也不明白違法的嚴重性。

＊**參照團體**　原文是Reference group。每一個參照團體都有一名意見領袖，該人物的價值觀和生活型態，會影響到其他成員，市場行銷也經常使用這項概念。

偏差行為演變成犯罪的過程

安倍淳吉將偏差行為（犯罪）程度分為四個階段，**孩子在社會化的過程中，犯罪程度的活動範圍也會跟著提高**。

● **第Ⅰ階段**

幼年期、少年期的社會化。家庭對孩子的行為影響最大的時期。這個時期的犯罪，通常都是**家庭暴力、校園霸凌和店內偷竊**等。活動範圍也都侷限在家庭或學校，一旦犯罪行為敗露，很容易發展成社會問題。

● **第Ⅱ階段**

到了**青春期**，活動範圍開始拓展到**學校區域之外**。零用錢開始增加，興趣也愈來愈廣泛，有時會跑到通學路徑之外的地區。當然，學校老師和家人也無法隨時掌握行蹤。

因此，犯罪程度變得愈來愈多樣化，**從店內行竊到偷竊自行車等，通常是抱持好玩的心態群體犯罪**。這些行為大多沒有預先經過計畫，當事人也不知道違法的嚴重性。

● **第Ⅲ階段**

義務教育只到國中為止，有些人國中畢業就出社會工作，有些人是高中畢業開始工作。有人找到正職工作，也有人是打工族*，甚至在家遊手好閒，成為尼特族*。如果到這個時期繼續從事偏差行為，就會停止社會化，**原本覺得有趣的犯罪****（➡一四〇頁）****也變成真正的犯罪**。總之，這階段的**偏差行為已經變成真正的犯罪**。

● **第Ⅳ階段**

此階段的當事人已經認知自己是一名犯罪者。同時，他們會利用第Ⅲ階段的犯罪見習者，發起犯罪行動。社會也明確將這些人歸類為犯罪者，一旦邁入這個時期，想脫離犯罪、改邪歸正已非易事。

＊打工族　臨時工或計時人員等，非正式錄用的員工，但不包括學生在內。日文稱為フリーター（Freeter），是將Freelancer與Arbeiter組合起來創造的新字。

偏差行為（犯罪）深度III、IV

到了深度III這個時期，覺得有趣的偏差行為，開始轉變成真正的犯罪。深度IV則是不折不扣的犯罪者。

第III階段

社會化

有些人國中畢業就出社會工作，有些人是高中畢業開始工作。有人找到正職工作，也有人是打工族，甚至在家遊手好閒，成為尼特族。

犯罪程度

- 養成抽菸習慣
- 可能染上毒癮　等

如果到這個時期繼續從事偏差行為，就會停止社會化，原本覺得有趣的犯罪也變成真正的犯罪。

第IV階段

社會化

此階段的當事人已經認知自己是一名犯罪者，社會也明確將這些人歸類為犯罪者。

犯罪程度

- 竊盜
- 詐欺
- 加入暴力集團　等

犯罪的手法趨近事業化，也會利用第III階段的犯罪見習者，發起犯罪行動。

＊**尼特族**　意指Not in Education, Employment or Training = NEET，音譯為尼特，也就是不升學、不工作，也不接受職業訓練的人。學生和幫忙家裡事業的人，並不歸類為尼特族。

05 親子、家庭與社會，各種關係的重要性

家庭連結和社會關係薄弱，是犯罪的誘因。

存在於家人之間的自卑心理

家人（特別是雙親）的存在意義並不只是扶養，為了讓孩子學習必要的基本知識與技能，成為社會上的一員，還必須負起督促和教育的責任，家庭可以說是少年最初進入的**參照團體**（➡一四八頁）。正因如此，少年與家人之間的關係，當然就是探討少年犯罪形成原因時，不容忽視的重點。

最容易發生殺人事件的環境就是家庭（➡六八頁）。

第二章已經說明，家庭內的悲劇，都來自各種**自卑心理**（➡四六頁）的影響。而偏差行為與自卑心理，兩者之間也有十分重大的關聯。

脫離社會聯繫，進而產生偏差行為

在提及家庭的連結之前，先說明規模更廣泛的**社會聯繫**＊。社會聯繫理論是由美國社會學學者**赫胥**（Travis Hirschi）所提出，**社會聯繫**（Social bond）**的強度與種類，是判斷脫序行為的基準**。順帶一提，社會聯繫理論亦屬於社會控制理論＊（Social control theory）之一。

也就是說，人們與家庭、學校和友人等社會團體緊密（關係良好）接觸時，比較不會從事偏差行為或犯罪行動。反過來說，當人們與家庭、學校和友人等團體的關係薄弱，或是**關係不融洽的時候，就容易涉入偏差行為或犯罪行動**。

＊**社會聯繫**　意指個人與社會連結的一股力量，該理論建立於所有社會聯繫皆為合法性質。

社會聯繫的四個種類

赫胥提出將社會聯繫分為四個種類。與社會連結程度較低的少年，比起關係深厚的少年，涉入偏差行為的比例較高。

1 依附（Attachment）

對家庭或友人等付出關愛（情緒連結）。親子間的依附關係特別重要。其中道德是最重要的一項連結。

2 承擔（Commitment）

衡量犯罪的得失損益，理解犯罪只會帶來得不償失的後果。

3 參與（Involvement）

守法生活的時間愈長，接觸非法事物的時間就愈短，機會也愈低。

4 信念（Belief）

相信社會規則、法律與規範，並給予尊敬。

到店裡去偷個遊戲軟體。
做壞事一定會被逮到哦。

＊**社會控制理論**　此理論的核心思想為「社會政策的存在動機，是為了控制社會中的成員」，旨在探究形成社會政策的政治因素，以及特定社會政策的政治動機。

赫胥將社會聯繫分成四種類型（➡一五三頁）。

任何人都可能曾經做出脫離社會聯繫的事情，赫胥認為更值得探討的重點是，「為什麼有些人不會背離社會聯繫」？

①依附＊（Attachment）：對家庭或友人等付出關愛，其中道德是最重要的一項連結。

②抱負（Commitment）：衡量犯罪的得失損益。

③參與（Involvement）：守法生活的時間愈長，接觸非法事物的時間就愈短，機會也愈低。

④信念（Belief）：相信社會規則、法律與規範，並給予尊敬。

與社會連結程度較低的少年，比起關係深厚的少年，涉入偏差行為的比例較高。

親子、家庭問題與少年犯罪

依附這一點，換句話來說即是，「他人的關愛能夠抑止少年涉入犯罪與偏差行為，這樣的人存在意義十分重大」。

為了讓孩子健全成長，基於愛的信賴關係是不可或缺的條件，而「依附」即為最重要的一項社會聯繫因素。由此可以想見，親子之間的連結，對於少年犯罪會帶來多深遠的影響。親子關係的重要性自然不在話下，家庭內的各項環境條件，也會對少年犯罪造成各種影響。

犯罪心理學學者森武夫表示，家庭條件造成少年犯罪的負面因素有三點，分別是：**①家庭問題**、**②雙親問題**、**③單親問題**。

家庭和家人之間的問題，的確會導致在該環境中成長的孩子涉入犯罪。社會聯繫、家庭環境與少年犯罪，三者間有著密不可分的關係。

（↘承左頁）（出生後到三個月左右：社會性反應無明顯差異）、第二階段（三個月至六個月左右：社會性反應開始出現差異）、第三階段（六個月到兩歲左右：確實形成「依附」）、第四階段（三歲以後：修正目標達到協調關係）。

家庭與家人 對偏差行為帶來的負面因素

犯罪心理學學者森武夫指出，家庭條件造成不良少年的負面因素有三點。這些問題都會導致在該環境中成長的孩子涉入犯罪。

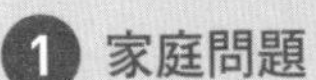

1 家庭問題

- 家庭不健全（關係崩解、單親）
- 家庭失能（未盡扶養責任、失業、貧困、多子等）
- 成長環境與其變化（鄰近地區環境、搬家等）

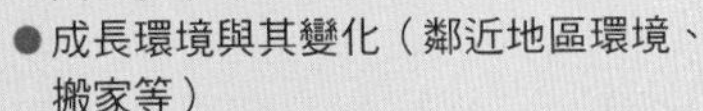

2 雙親問題

- 雙親未盡職責（管教寬鬆、不合理的要求、濫用藥物等反社會行為、異性關係複雜或嗜酒成癖等偏差行為）
- 雙親的態度（專制、過度干涉、嚴格、殘酷、無視、放任等）
- 雙親的關愛（剝奪、拒絕、偏愛、敵意、嫉妒等）

3 單親問題

- 幼兒時期母子分離，缺乏母愛
- 父親不在
- 雙親離異

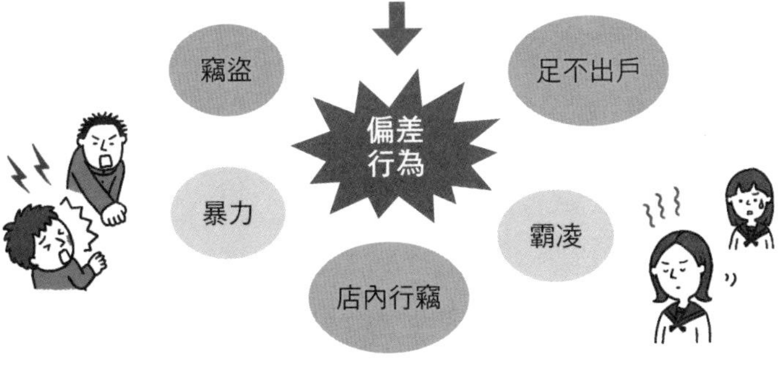

＊**依附**　英國小兒科醫師鮑比（John Bowlby）發表研究報告後，該詞彙開始被廣泛使用。依附大約形成於出生到三歲左右，鮑比將「依附」形成的時期分為四個階段。第一階段（↗接右頁）

06

受到反社會思考影響的時期

犯罪集團的反社會思考模式，讓少年們覺得「帥氣」。

在社會心理學中，「**態度***」意指在採取行動之前，**內心的準備狀態**。也就是說，**參照團體會對少年的「態度」形成，帶來極大的影響**。

犯罪集團（參照團體）通常具有反體制、反威權、反社會的特性，原因在於該集團沒有明確的核心思想，針對現有體制與威權，單純只是為了否定而否定，這樣的想法，其實反射出內心深處「毫不在乎」的態度。

簡單來說，**反對社會或權力訂下的規矩，只是因為看起來就很帥氣**，或許「故作成熟」是最足以形容他們的一句話。而且不少少年認為，這樣的價值觀非常「帥氣」。左頁列舉了一些反社會態度的形成實例。

參照團體對少年態度形成的影響

法律是為了讓人遵守而存在。但是，每個人的價值觀都不盡相同，心裡也各自保有自己的社會規範。

警察等執法人員因為身分特殊，必須徹底遵守法律，但一般市井小民就不同，有些人會心存僥倖，認為「反正又沒人看到，稍微犯點小罪，應該無所謂」。

參照團體（▶▶一四八頁）也具有相同作用。舉例來說，有一名少年隸屬於某個犯罪集團，集團成員都認為「法律根本就是個屁」，久而久之，少年也會學會該集團的價值觀，這個過程就叫態度形成。

＊**態度**　態度是一種假設性的構成概念，意指在接近或迴避某個對象時，預先設想該如何反應的狀態。也就是說，在某種程度上，可以藉由態度來預測之後的行動。

反社會態度的形成實例

在社會心理學學者安倍淳吉（▶▶四二頁）提出「發生犯罪的情境」當中，人們內心形成反社會與反法制態度的實例，又可分成四種類型。

＊**權力**　從政治面來解釋，具備居民和國民必須服從的強制力，通常政治權力亦指國家權力。同時，控制某人行為的影響力，也可稱為權力。

青春期容易情緒不穩

積極與朋友交流，在意他人評價，開始自我探索，內心充滿衝突。

內心的不安表現在行動上

一般來說，**青春期**（原本是婦產科專業用語，意指青年期前段）是十歲左右到十八歲之間，**第二性徵***出現的時期。幼兒期、青春期（青年期）和中年期是**「人生三大危機」**，其中，身體外觀及生理層面在青春期會有極大變化，**精神層面也處於「動盪不安」的狀態**。

這個年紀的青少年，會積極與同齡同性朋友交流，到了高中則開始對異性產生高度興趣。此時孩子開始想脫離雙親掌控，不停探尋**「自己的存在價值」**（**自我認同**，➡一八三頁）。

簡單來說，孩子開始有自己的想法，獨立心也迅速增強，開始反駁、反抗旁人，為追求刺激而衝動行事。具體的行為包括反社會行為（攻擊他人）與非社會行為（攻擊自己、自殺、自我傷害或厭食等）。

這個時候，會開始在意他人的眼光。自我意識提高，觀察力更加敏銳，並且想知道自己的外貌、穿著以及發言、行為，在他人眼中的評價。

另一方面，這個時期的青少年，經常因為缺乏自信，必須在同儕中找尋歸屬感，感情纖細而容易受傷。在追求自我認同的同時，將自己逼上絕境。

也有人將這段心理狀態極不安定，為了人際關係苦惱不已的時期，稱為**青春期危機**。雖然說青春期危機是少年成長為大人必經的過程，**若是無法順利**

***第二性徵**　除了性器官以外，可辨識男女的身體特徵。女性為乳房發育、初經，男性多為筋骨發育和體毛等。第一性徵意指在胎兒出生時，即可辨別男女的特徵。

解開內心的糾結或迴避危機，**就會造成親子間的衝突，或是結交損友、拒絕上學、犯罪、厭食等情況**。

另外，也可能造成**心理上的疾病**。長久以來處於「每天做什麼事情都無法感到快樂」的**憂鬱狀態**（**憂鬱症***），或是反覆處於「鬱」與「躁」的**躁鬱狀態**中，這些都是青春期危機經常發生的疾病。

為人父母或師長者，若身邊的孩子正處於青春期，必須多付出關心，**傾聽他們的「人生的煩惱」**，**注意他們是否有「心理疾病」**。

青春期危機常見的狀況

青春期的青少年，心中經常抱持著各種糾葛，心理狀態也極不穩定。若是在這個時期無法順利擺脫危機，可能發生以下的狀況，或是出現厭食的症狀。

●親子間或與其他成年人發生衝突

反抗雙親或教師、身邊的大人，不經思索做出衝動行為。

●結交損友

交友廣泛，行動範圍變大，可能因此結交為非作歹的友人。

●拒絕上學

在學校遭到孤立，經常感到情緒不安，不想到學校，把自己封閉在家裡。

●犯罪

利用行竊來消除焦慮的心情，藉此獲得刺激的感覺。

＊憂鬱症　無法正常調適心情，主觀意識只會感覺到強烈痛苦的一種疾病。在精神層面會出現心情低落、對任何事情都不感興趣、集中力低下、缺乏自信，時常有自殺的念頭。生理層面則有睡眠不足、食慾減退的情況。

08 印象標籤造就不良少年

一時興起的犯罪行為，使少年從此背負惡名，漸漸與正常社會脫節。

一旦被視為「不良少年」，將從此遭到孤立

「那傢伙素行不良，離他遠一點比較好」，我們經常從大人口中聽到這句話。

大人這麼說的原因，可能是因為那名少年曾經偷了一輛腳踏車而被逮捕，或是店內行竊被店家發現。一旦做了這些事情，旁人看待他的眼光就會有所改變。即使他只是一時興起做了這些事，世間就會將他視為**「不良少年」**。

聽到大人說：「不准和那傢伙來往」，孩子們也會用相同的眼光看他，於是**這名少年就逐漸被人群孤立**。

如此一來，這名少年就只能在犯罪集團裡，找到自己的棲身之所，最後真的變成了一名不良少年。

標籤理論與自我實現的預測

針對上述的狀況，美國社會學學者**貝克**（Howard S. Becker）提出**標籤理論**（Labeling theory）來說明。標籤理論將**違反社會規範的行為定義為「偏差*」，做出這些行為的人，就會被貼上「行為偏差者」的標籤，之後便做出更嚴重的偏差行為**。

這樣的現象，也可以用心理學「自我實現的預測」來說明。

「自我實現的預測」意指帶給他人第一印象之後，本人便會依照這個印象的誘導來行動，他人的

＊**偏差**　打破或是偏離規範的行為。隨著社會與文化的差異，規範的定義也不同，一件正常的事情，在不同的社會和文化中，可能會被視為「偏差行為」。

回應也會配合本人的言行，最後便實現一連串可預測的行動。

無論如何，一旦被旁人貼上不良少年或是犯罪者的標籤，本人就會順應標籤做出偏差行為。反過來說，**任意給他人貼上標籤也是個嚴重的問題**。隨意

給人貼上標籤，迫使對方成為真正的不良少年或犯罪者，這樣的人才真的是罪孽深重。

何謂標籤理論？

俗稱「給人貼標籤」，這樣的行為會對少年犯罪帶來極大的影響。

1 一時「鬼迷心竅」做出脫序行為（初犯）

↓

2 被身邊的大人貼上「那傢伙素行不良」的標籤

↓

3 因為被貼上標籤而感到煩惱、心情苦悶

↓

4 受到犯罪集團蠱惑

↓

5 最後成為慣犯

09

發生在校園內的各種問題

學校是一個封閉的社會群體，教師、兒童與學生、監護人各自的想法形成衝突。

迷失方向的學校現況

在日本，校園內發生的問題，包括霸凌（→一六八頁）和學校失能等，學生之間發生的問題確實引人注目，但最近開始有一些教師做出不適任的行為與發言，讓人開始注意到教師也是問題的根源。加上兒童與學生的監護人也涉入管教，在學校這個獨特的社會團體內，自然造成了各種衝突。

基本上，學校的定位是「學習的場所」，教育是最重要的功能，過去的方針是**均一性的平等主義**，並且**以偏差值為重**。後來經過教改，填鴨式教育改為**寬裕教育***，但這個政策徹底失敗，現在又致力於**脫離寬裕教育**，學校可說陷入無所適從的狀態。

現在學校必須做的事情愈來愈多，原本是家庭應該負起的責任，也都推給學校。這樣的狀況讓教師、兒童與學生、監護人不知所措，帶來各式各樣的弊害。

三者之間無法建立起人際關係

有一種情況稱為**溝通障礙**，特別是現代人，愈來愈多人無法維持良好的人際關係。在教育的場所也不例外，**即使是教師，也很難順利建立良好的人際關係，兒童與學生的監護人也是一樣**。因此，教師和監護人之間，就會發生各種摩擦。

現在的孩子，可以說是一種「**新人類**」。沉迷於電子遊戲，從小就擅於使用網路，生活型態愈來愈

（↘承左頁）之後更改成週休二日。接受寬裕教育的人們，社會上稱為「寬裕世代」。但是，二〇〇七年政府開始檢討寬裕教育，在二〇一一年終止這項政策。

封閉，具有溝通障礙傾向的孩子也在增加中。

上述的情況造成學校當中，**教師、兒童與學生、監護人各自的想法形成文化上的衝突**。

拒絕上學演變成犯罪或足不出戶

在日本，學校裡發生的問題當中，**兒童與學生拒絕上學**（➡一六四頁）的問題愈來愈嚴重。根據文部科學省的調查，全國拒絕上學的兒童與學生人數（二〇一三年度），小學為兩萬四千一百七十五人，國中共有九萬五千一百八十一人，合計大約有十二萬人。

拒絕上學的原因，在小學時以「**當事人問題**」居多，國中時最大的因素則是「**學校生活**」。另外，不分小學與國中，「內心不安等情緒上的混亂」也是名列前茅的原因。

小學生的「當事人問題」，大多與因病缺席、轉學、發育障礙（➡二二七頁）有關。國中生在「學校生活」發生的問題，包括校內的友人關係、與教師的關係、學業成績不佳、無法適應社團活動等。

犯罪　筆記

對大人而言，「新人類」相繼誕生

日本一九七八年上市的電子遊戲太空侵略者，造成極大的迴響。另外，隔年大學入學考試試辦一次性聯招。在這樣的社會背景下，學生的感受能力和價值觀，與過去的年輕人大不相同，人們稱這個時代的年輕人為「新人類」（獲得一九八六年新語言和流行語大賞）。當時的新人類代表有淺田彰、秋元康、伊藤正幸、三浦純等人。

不過，或許我們可以說，不管哪個時代的年輕人，價值觀一定都和當代的大人不同，對於這些大人而言，年輕人永遠都是「新人類」。

＊**寬裕教育**　二〇〇〇年左右到二〇一〇年代初期，日本實施的教育政策，希望能創造「寬裕的學校生活」。重新審視填鴨式教育，減少學習時間和內容，新設立「生活」學科。每月第二、第四個週六放假，（↗接右頁）

長期拒絕上學之後，很容易造成足不出戶的情況，或是成為犯罪集團的成員，甚至是單獨從事犯罪行為。如此一來，就更加難以和學校、社會建立連結。

足不出戶之後，情緒爆發

足不出戶的青少年，有時候會因為情緒爆發，犯下情節重大的案件。自己與社會斷絕關係，不希望和他人有任何接觸的青少年，為什麼會突然做出激烈的行為？

精神科醫師**小田晉**在著作中指出，這是因為「**足不出戶的年輕人，大多都具有嚴重的自戀傾向**」。再者，從他們的家庭環境來看，書中又提到「**這些人最大的特徵，就是對父親印象薄弱，長久以來和母親關係極為親密**」。

自戀傾向的人，只要遇到一點兒失敗，就會受到極大的打擊。於是，他們害怕再次受到傷害，才會躲在安全的家庭中。如此一來，內心的**自卑感愈來愈強烈**，而且因為足不出戶，又更加受到社會大眾輕視，陷入惡性循環的狀態。**無處發洩的鬱悶心情，最後演變成對雙親施暴的局面**。

犯罪 筆記

激烈的校園暴力轉化為暴怒和霸凌

一九七〇年代到一九八〇年代之間，中學和高中（主要是公立學校）發生多起校園暴力，當時每天都讓媒體大肆報導。甚至連電視連續劇《三年B班金八老師》，也編寫了校園暴力的劇情。

校園暴力分為許多種類，包括對教師行使暴力、學生間暴力及毀損器。造成校園暴力的原因很多，例如：對學校不滿、學業成績不良帶來壓力，或是對教師不滿等。當時的校園暴力幾乎都鬧得滿城風雨，但最近形態有所轉變，平常乖巧的孩子也會突然暴怒（請見四八頁），或是在背地裡採取陰險的霸凌方式，很難從表面上看出端倪。

＊**兒童和學生拒絕上學**　由於心理性、情緒性、身體性或社會性的原因與背景，導致他們不想上學，或是想上學也受到外力阻撓的狀況。一年內缺席三十天以上，即屬於拒絕上學。

許多少年持續足不出戶的生活，沉迷在漫畫、電視和網路的幻想世界裡。因為在那裡，他們不必再為了自卑感而受苦，而是以另外一個身分，快樂地享受人生。**在虛擬＊世界裡面，他們更能找到自己的存在意義。**

最後，扭曲的想像力失去控制，他們變得想向現實世界證明自己的能力。於是便將雙親以及整個社會，當成攻擊的對象。

拒絕上學的種類

為了守護這些拒絕上學的孩子們，必須思考他們拒絕上學的原因。以下列出七種拒絕上學的種類。

1. **分離不安型**
   離開母親就會感到內心不安，大多發生在小學低年級的學生。
2. **壓力過大的好孩子型**
   個性嚴謹，容易鑽牛角尖。
3. **撒嬌依賴型**
   內向且不成熟，對旁人依賴性過高。
4. **缺乏行動力型**
   即使不上學，也不覺得有罪惡感。
5. **學校生活原因型**
   受到霸凌或與教師關係不良，導致無法上學。
6. **精神疾病型**
   行為舉止出現初期精神疾病的症狀。
7. **學業成績不佳型**
   不擅長某個學科，因而成績不佳，在學校生活中缺乏自信。

＊**虛擬**　Virtual。意指沒有實質意義的「事實」與「真實」，反義詞是現實（Real），同時具備「虛幻」和「假象」的意思。使用範例有虛擬世界（Virtual world）或虛擬現實（Virtual Reality）等。

優等生驟變成「不良少年」

平常在他人眼中是個優等生的好孩子，背地裡可能徘徊於惡行之間。

受傷的自尊心，缺乏罪惡感

平常他人眼中的優等生，可能變成不良少年。舉例來說，一名成績優秀，鄰居公認有禮貌的少年，可能因為一點小失態遭人取笑，自尊心就受到嚴重傷害，因而想著：「絕不原諒那些傢伙！」進而做出反社會的行為。

因為這些優等生，至今未曾經歷過失敗，所以無法忍受自己遭到取笑，也不知道該怎麼面對自己的失敗，最後才會做出犯罪行為。簡單來說，**他們對挫折的忍受度極低**。

又或者是生活中一向很守法的少年，可能從某天開始沉迷於成人影片。這些例子都是**因為少年們對反社會性資訊沒有免疫力，一旦接觸到「有毒」的情報，人格和行為也就因此產生驟變**。

現代的少年都處於「漂流」狀態

另一方面，有些優等生看似乖巧，其實私底下素行不良。一九八〇年代後半期，不良少年開始聚集於東京涉谷，他們自稱**團員**＊（Teamer），同時各集團之間相互鬥爭，或是找一般人的麻煩。

初期群聚的團員，都是**生長於富裕家庭的年輕人**。白天正常到高中上學，學習態度也和一般人相同。也就是說，他們經常**扮演優等生和不良少年兩種角色**。

美國社會學學者**馬札**（Matza）提出**「漂流理**

＊**團員**　在「Team」後面加上「-er」創造出來的字。一開始是指群聚於涉谷的集團，後來其他的集團也開始使用這個稱呼。

論」，說明現代不良少年的狀態。漂流理論意指現代年輕人，一邊過著守法的生活，由於比過去更加自由，偶爾會做出違法行為。如文字所述，就是**漂流在善惡之間**的狀態。

這些年輕人最大的特徵就是，漂流在善惡之間，且並**不認為自己是不良少年**。因為他們擅於利用以下**「合理化、平衡」**的對策，將自己的行動正當化。

①**否定責任**：「我沒有做，只是說說而已」

②**否定加害**：「我沒有敲詐，只是向他借錢而已」

③**否定被害人**：「錯不在我，是對方自己來挑釁」

④**指責對自己說教的人**：「大人沒有資格指責我，因為他們自己也素行不良」

⑤**訴諸於高度忠誠**：「我做的一切都是為了夥伴」

總而言之，就是**推卸責任**，也可以說是向這個世界或雙親撒嬌的一種行為。隨著年齡增長，成為正常的大人後，回想起那段「漂流」的時光，他們應該會說：「話說回來，那個時候確實做過這種傻事啊。」

犯罪　筆記

優秀雙親的孩子是「黑羊」還是「白羊」？

美國精神科學者瓊森和絲姿蕾，提出「黑羊假設理論」來說明不良少年的形成原因。瑞士精神科醫師榮格表示，人類的性格都具有兩種面相，一種是在他人面前展現的人格面相（Persona）；另一種是無意識間的慾望與衝動，稱為陰影面相（Shadow）。嚴格教育子女的父母親也具有人格面相和陰影面相，生長在這種家庭的孩子，雖然平常都接受父母親以人格面相教導，但孩子本能自然會傳承父母親的陰影面相，最後成為社會中的脫序者（黑羊）。

另一方面，成長於同一個家庭的兄弟姊妹，有些人只會接受雙親的人格面相，之後成為善良的成人（白羊）。

11

霸凌是一種陰險且殘酷的犯罪行為

為了發洩內心的不滿和壓力，選定一個人做為代罪羔羊。

霸凌導致拒絕上學或自殺

發生在孩子們之間的**霸凌**行為，其實超乎大人想像的陰險、殘酷、惡質而且手段巧妙。霸凌的加害者與被害者，不只是孩子，有時候教師也會霸凌學生。**不少遭受霸凌的被害人，可能拒絕上學，甚至選擇自殺一途**。

以毆打、踢踹等暴力行為來霸凌他人，加害者等於觸犯暴行罪（譯註：台灣並未設立這項罪名。顧名思義，即是以暴力對待他人），若因此使對方受傷，則觸犯傷害罪。另外，長期欺壓他人，造成對方罹患心理疾病，也會構成傷害罪。在網路上散發不實言論，使他人名譽受損，則觸犯妨害名譽罪或侮辱罪。以強迫手段逼迫他人交出財物的霸凌行為，稱為恐嚇取財*，觸犯恐嚇罪和強盜罪。總之，**霸凌是一種犯罪**行為。

霸凌行為**通常很難察覺**，原因是受到霸凌的被害人覺得，遭受霸凌是一件很可恥的事，或者不想讓雙親擔心，也可能害怕告知雙親和教師後會遭到報復。而且，有些學校即使明白校內確實發生霸凌事件，也會設法加以掩飾。

有些人是存心霸凌他人，也有些人在霸凌的時候，心裡並無惡意。另外，遭受霸凌的被害人，可能因為情勢轉變成為加害人，相對的，有些霸凌者也可能從加害人轉變成被害人。近年來，無視、排擠等陰險的霸凌手段，或是透過電腦與智慧型手

＊**恐嚇取財**　主要發生在國中生或高中生之間，對象可能是同齡者，或是找尋低學年的學生為目標。

機，欺壓被害人的「網路霸凌」案件，也有急速增加的趨勢。

霸凌的加害人，除了完全不在意被害人的心情，更可能將被害人當作**發洩內心不滿和壓力的代罪羔羊***（Scapegoat）。他們通常不擅長維持人際關係，也無法順利控制自己的情緒，過剩的攻擊慾望無處宣洩，只好**將不滿的矛頭指向弱者，將他們當作出氣筒**。總之，遭受霸凌的孩子只是「偶爾被選中」，成為霸凌者排解壓力的目標。

霸凌的形成原因

霸凌者的形成過程，通常會經過以下幾個階段。

與生俱來的攻擊慾望和殘酷的本性，形成心理上的壓力

- 不擅長維持良好的人際關係
- 無法順利控制情緒

攻擊慾望超出可承受的程度

- 模仿遊戲中偏執的場面

找到代罪羔羊

***代罪羔羊**　古代猶太教信徒為了贖罪，會將山羊（goat）當作活祭品。之後引伸用來說明，某個集團為了消除無處排解的壓力，選定一個人做為攻擊目標的心理狀態。

12 「暴走族」風格的興衰

風靡一時的暴走族，如今已成過往，隨著時代演進而消逝無蹤。

日本暴走族人數已降至全盛時期兩成以下

一九八〇年左右，不良少年的代名詞就是「**暴走族**」。

這些年輕人隨處可見，身上穿著特攻服*，梳著誇張的飛機頭，騎著改裝機車，夜裡在街道上橫衝直撞，發出吵雜的引擎聲。除了擾亂道德秩序之外，部分年輕成員打著推翻權力、**逍遙法外***的旗幟，其實還算是擁有一份讓人憧憬的信念，但最近已經看不到暴走族的身影。

據警方報告，目前的人數已經降至全盛時期的兩成以下。

暴走族已成為「土氣」的代名詞

暴走族式微的原因之一，是**年輕人已經不再那麼熱中於汽車與摩托車**。過去的時代，精通汽車原理，可以自己調校引擎，是一件「帥氣」的事情，隨著時代變化，年輕人的興趣也愈來愈多樣化。除了汽車和摩托車以外，娛樂選項更加廣泛。

另外，因為經濟不景氣，擁有汽車的人也開始減少。再加上二〇〇四年，道路交通法修改，原本舉發暴走行為必須有被害人的證詞，變成只要警方認定現行犯即可逮捕，暴走族也因此受到重大打擊。

事實上，暴走族盛行的原因，只是一股流行風潮。受到漫畫和連續劇的影響，暴走族帶給人「帥

＊**特攻服**　暴走族或小混混在晴天時愛穿的服裝，繡上宣傳詞句和團體名稱的諧音漢字。另外，這種服裝並不是第二次世界大戰時，日本特攻隊穿著的軍服。

氣」的形象，內心慾望難以消解，精力無處發洩的年輕人，也就因此加入暴走族。然而，後來因為黑道介入，或是集團本質愈來愈惡劣，無法成為真正「惡徒」的成員，就紛紛退出暴走族。過了一陣子，暴走族這股流行風潮，也轉變成「土氣」的印象。

難以消解的慾望，經常會以暴力傾向呈現出來。但是，以暴力來發洩的類型，會隨著時代變化。暴走族這種不良少年，就是暴力類型興衰的見證。

暴走族已成過去

過去暴走族是不良少年的代名詞，隨著時代變遷，人數逐漸減少，現在已是一種「過時」的風格。

1

2
好久沒看到那些晚輩，今天找他們去大鬧一場吧。

3
你怎麼會穿成這樣啊？

4
前輩你才奇怪咧。還在當暴走族嗎？那已經過時囉。

＊逍遙法外　原文是Outlaw，一般而言，是指抱持自己的信念和正義感，置身於法律之外的生活型態。有些年輕人認為，脫離社會規範，貫徹自己的生活方式，是一種「帥氣」的行為。

TOPICS 7

為了培育健全的少年，警方展開的各項活動

不良少年在這世上並不罕見，但實際上，只有極少數人會真正犯下案件遭到逮捕，接受法庭審判，最後被送進少年感化院或少年鑑別所，大多數不良少年並不會經歷這些司法程序，只是不停重複著偏差行為。

少年警察隊的工作，就是利用適當的教育和支援，輔導這些不良少年踏上正途。為了防止少年誤入歧途，加以保護並使他們能夠健全成長，日本各縣警都設立少年輔導中心，提供相關協助。其內容包括街頭輔導活動、少年諮詢活動、犯罪防制與更生支援活動、被害人援助活動、宣傳活動等。最近，各單位也召募大學生義工，投入預防網路犯罪等偏差行為發生。

街頭輔導的具體行動，是尋找深夜在外徘徊、抽菸、飲酒等的少年，加以輔導。逮捕犯罪少年是一種輔導手段，在街頭勸戒不良少年，或傾聽他們的煩惱，也是另一種輔導方式。被害人援助活動的主要用意，在於保護被害少年、取締福祉犯、防制虐待兒童和排除不良環境的影響。除此之外，各地還舉辦各種宣傳活動，意在防止青少年濫用藥物。

這些由警方展開的活動，極需各地區的合作。唯有各地區全力配合，才能以嚴厲且不失溫暖的雙眼來守護青少年。

第 7 章

各種犯罪的心理

忍不住店內行竊的少年們

明知是違法的事情，在朋友的慫恿下，而且大家都在做，所以自己也下手行竊。

NPO法人全國竊盜犯罪防制機構調查顯示（針對日本全國一百二十九所國小、國中、高中學生所做的問卷調查），其中有九成少年認為，「店內行竊是絕對不能做的事情」。也就是說，幾乎所有少年都知道，店內行竊是法律所不允許的行為。

問卷中關於店內行竊的原因（包含臆測的回答），小學生當中最多人回答「不跟著做的話，會被同伴排擠」，依性別區分，小女生選擇這項回答的比例較高。第二多的答案是「刺激的感覺很有趣」。總之，他們行竊的目的，要不就是抱著好玩的心態，要不就是為了消除壓力。而且愈到高年級，就愈多人有這樣的想法，可能是因為隨著學年提高，各方面感受到的壓力也愈大。

店內行竊是犯罪的起點

動機單純，而且容易實行的犯罪有四種，分別為店內行竊、偷竊腳踏車、偷竊機車和侵占遺失物*，這幾項罪行幾乎都發生在**初犯**（➡一四一頁）。

其中，未成年者犯下的店內行竊（移送法辦人數），日本在一九九八年約略高於五萬人，到了二〇一三年，已降低至略少於兩萬人，但仍屬少年犯罪中最高比例的犯罪。順帶一提，警察廳公布的移送法辦人數中，並不包括未滿十四歲的少年（**觸法少年***）。

不安、焦慮與壓力，一時鬼迷心竅

***侵占遺失物**　占據脫離擁有者控管的遺失物、漂流物，屬於侵占罪。例如：在路上撿到皮包，不交到派出所，據為己有。

更進一步來說，高學年的回答中，「因為大家都這麼做」或「應該不是太嚴重的犯罪」，這兩個說法也有增加的趨勢。即使明白「偷東西不是一件好事」，但他們內心仍舊隱約帶著天真的想法，認為「應該只是小事，大人不會認真追究」。

少年犯下店內行竊的衝動與行動，大都是「鬼迷心竅」的狀況，諸如：①在家庭和學校遭遇挫折、②店員剛好沒注意，有行竊的機會、③想起電視節目中，慣竊的少年曾說：「大家都會偷店裡的東西啊」、④和他人比較起來，覺得自己太過認真，因而感到不安與焦慮。

少年們店內行竊的原因

根據調查，年輕人當中約有四成，在高中畢業之前，都曾犯下店內行竊。是什麼因素促使他們下手行竊，以下舉出幾個案例。

1

在學校和家庭遭遇挫折

2

店員剛好沒注意，有行竊的機會

3

想起電視節目中，慣竊的少年曾說：「大家都會偷店裡的東西啊！」

4

和他人比較起來，覺得自己太過認真，因而感到不安與焦慮

＊**觸法少年**　在日本，意指未滿十四歲，觸犯刑法的少年。根據日本刑法第四十一條規定，未滿十四歲的觸法少年，原則上不處刑事懲罰，改由兒童福祉法另行處置。

成年人店內行竊，反應出世態與心裡的陰暗面

成年人店內行竊的比例已超過青少年，並有持續增加的趨勢。

生活窮困、壓力與渴求慰藉

店內行竊並不是只有孩子才會犯的罪，特別是近年來，**高齡者行竊比例愈來愈高**，幾乎已經形成社會問題。日本警察廳在二〇一三年公布，因為行竊遭移送法辦的未成年人有一萬六千七百六十人，另一方面，六十五歲以上的高齡者，則有兩萬七千九百五十三人遭到逮捕。實際上，成年人行竊的案例幾乎較未成年高出一倍。二〇〇八年之後，成年人因偷竊被捕的情況就已經開始持續增加。

成年人行竊的最大原因是**生活窮困**，約占全體三成。另一方面，**沒有經濟困難的主婦，或是公司組織內部管理職人物，也有不少人犯下竊案**。上述這些人，都會不間斷地重複行竊，二〇一四年的《犯罪白書》顯示，店內行竊的再犯率最高的年齡層為六十五歲以上的女性，比例是百分之三七．五，男性則是四十多歲，再犯比例達百分之三一．八。

生活並不窮困卻仍下手行竊，或是一再重複犯案的慣竊，幾乎都是為了填補內心的空虛感。舉例來說，年幼時為了引起母親關心而行竊的女孩，成年後因為與交往中的男性分手，又再度犯下竊案。

家境富裕的家庭主婦，並不是因為缺乏生活用品而行竊，有時候偷到東西之後，還未使用就直接丟棄。還有些人是被裁員的或遭到丈夫家暴而行竊，為了逃避人際關係帶來的壓力，也會以行竊來當做宣洩的方式。**透過店內行竊來排解壓力，進而沉迷**

＊渴求慰藉　慰藉（Stroke）意指獲得他人認同的狀態。當人們遭到無視或輕視，內心缺乏關愛時，就會出現渴求慰藉的慾望。

其中不斷行竊，漸漸地會失去罪惡感。

有一種人，在公司裡努力工作，卻得不到應有的評價，因而失去動力，經常感到孤獨，**為了讓旁人意識到自己的存在而行竊，並從中獲得成就感和解放的感覺**。這樣的狀態就稱為渴求慰藉*。

成年人店內行竊反映出社會現況，以及隱藏其中的各種問題。然而，行竊是任何人都能輕易執行的一種入門犯罪*，若是認為店內行竊只是微不足道的小罪，日後可能觸犯情節重大的犯罪。

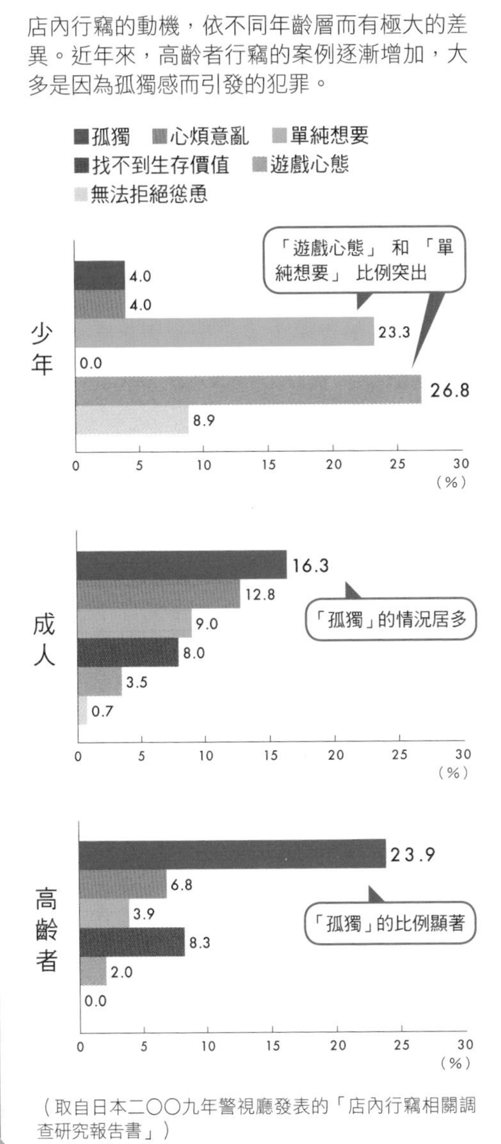

＊**入門犯罪** 意指店內行竊或偷竊腳踏車等輕微的犯罪。學者認為入門犯罪即是一道閘門（Gateway），也就是引導人們涉入重大犯罪的入口。

03

一本正經的人為何會涉入犯罪？

每次發生社會事件時，人們總會驚訝問道：「這麼正經的人，怎麼會犯罪？」

開場白都是「他平常看起來」

每次發生犯罪，犯人遭到逮捕時，電視台新聞記者訪問犯人的親朋好友時，總會聽到他們說：「這麼正經的人，怎麼會犯罪？」或是「他是個看到人都會打招呼的好孩子啊。」

或者本應是人民保母的警察卻酒駕，為人師表卻上網徵友，和女高中生發生性關係。這樣的案件在採訪熟人時，開場白一定都是「他平常看起來」是個好孩子、「他平常看起來」很正派，**叫人感到意外的犯罪者，經常令世人心裡充滿疑問**。

戴著「好人」的面具

但是，反過來思考，為什麼我們總會認為「正經的人」和「好孩子」，一定就不會和犯罪扯上關係呢？或許是因為**整個社會包括我們在內，都不關心「正經的人」和「好孩子」涉及犯罪的原因**。

任何人內心都有難以釐清的糾葛，而且有些人就是不擅表達，也找不到吐訴的對象。

瑞士著名的精神科醫師榮格表示，**人類生存於社會上，必定都具備表面人格，以及與之相反的內在形象**。榮格將前者展現於外在的自我，稱為**人格面相***。

總之，國中教師就戴著國中教師的面具，警官就戴著警官的面具，「好孩子」當然就戴著會受人人疼愛的面具。

（↘承左頁）男性原型：亦即男性擁有的女性形象（Anima）、女性原型：亦即女性擁有的男性形象（Animus）、陰影原型：自己內心的負面形象（Shadow）、假面原型（Persona）等。

但是，當人們一直戴著面具，內心會持續累積壓力。**戴著面具的姿態和真實的自己（不能對外人訴說的慾望）之間，產生愈來愈深的鴻溝，壓力也就隨之愈發沉重。**內心真實的慾望不斷擴大，最後承受不住壓力，一旦爆發就演變成犯罪事件。

或許我們可以這麼描述：「雖然他平常看起來是認真的老師，但卸下面具之後，其實是行為猥褻的人。」

為什麼正經的人會犯下犯罪事件呢？

榮格認為每個人都有展現於表面的人格（人格面相）。人格面相與內心形象的差距愈大，就會產生愈沉重的壓力。

1 表面上正經的國中教師

↓

2 其實是喜歡小女孩的戀童癖。但是，他不能讓任何人知道。

↓

3 慾望漸漸愈來愈巨大。

↓

4 心理壓力爆發，開始偷拍。

＊**人格面相**　榮格在持續治療病人中，歸納出人類在無意識中，都具有一種共通的普遍原型（Archetype）。代表性的原型有母親原型（Great Mother）、父親原型（Old wise man）、（↗接右頁）

竊盜是最單純的犯罪

竊盜犯大多是智商較低，任何事情都處於被動狀態的類型。

小偷永遠就只是小偷

店內行竊、闖空門、強盜、偷行李、打破車窗行竊等，全都屬於**竊盜**，也就是俗稱的「小偷*」。在日本，成人觸犯刑法約有六成是竊盜犯，根據警方報告指出，他們幾乎都是有前科的累犯（⏬一八二頁）。

另外，根據精神科醫師**福島章***的調查結果顯示，三十五歲之前不斷行竊，在獄中表現良好的**竊盜犯，觸犯竊盜以外刑案的可能性非常低**。從這份調查也可看出，竊盜是一種重覆性極高（累犯）的犯罪。

竊盜可以說是一種**最單純的犯罪**（和強盜的差異在於，有沒有利用暴行脅迫），正因如此，任何人都可能成為竊盜犯。同時，有些人可能因為生活困苦等**環境因素所迫**，再加上**意志不堅**（⏬一八二頁）而行竊。這類型的人，在**面對任何事情都處於被動的立場**。

純粹竊盜與病因性的竊盜

竊盜犯大致可以分成兩種類型。一種是**為了生存而偷竊金錢和物品**，這種情況稱為**純粹竊盜**，往往是經濟條件貧困所致。他們的偷竊目標，並不限於值錢東西，例如酒精依賴症的患者，也可能偷取酒類。

另一種類型是**病因性的竊盜**，或稱**偷竊癖**

＊**小偷**　趁他人不備，偷偷竊取物品者。另一方面，有些行為大膽的小偷，具有超乎常人的智慧與勇氣，而且行竊技巧高明，一些架空的人物，如：怪盜羅蘋和怪人二十面相，就屬於此類。

（Kleptomania），**偷竊行為已經成為一種生活習慣**。這種類型的竊賊僅占少數，約為整體竊案的百分之五。

如同縱火狂（➡一八六頁）一般，無法抑制病態引起的衝動，進而重複行竊，一旦得手之後，就對偷來的物品毫不感興趣。他們大多會將贓物丟棄、贈與他人或藏匿起來，有些人房間裡未使用過的贓物甚至已經堆積如山。另一方面，因為收集癖導致店內行竊（竊盜），也是一種病因性的竊盜。

小偷永遠是小偷

竊盜是最單純的一種犯罪，竊盜犯幾乎也只會犯下竊盜罪。以下說明，什麼樣的人會成為小偷。

●智商較低

●生性懦弱

●社會生活適應不良

●依賴他人，沒有主見

＊**福島章**　一九三六～。精神科醫師，畢業於東京大學醫學系，曾在府中監獄擔任醫師，對於病跡學（以精神醫學和心理學的觀點，研究歷史上的名人）上的貢獻，可稱是日本第一人。

05 為什麼人們會重複累犯？

被貼上意志不堅者和前科犯的標籤，為此所苦的人們，在獄中反而比較自在。

在日本，警方逮捕的罪犯中，將近半數為累犯

許多人即使在獄中徹底反省，也接受了應有的懲罰，卻還是再次犯罪。出獄後五年內再次犯罪，並且又受到判刑（**累犯**）的人，自一九九七年起持續增加。

根據二〇〇九年調查結果顯示，遭檢方起訴者有百分之四二是累犯。再者，無論是否受到處罰，**事實上，許多人會不斷重複累犯（慣犯）**。

為什麼累犯和慣犯會不知教訓，一而再、再而三地犯罪呢？

意志不堅者與前科犯身上的印象標籤

會觸法犯罪的人，**大多是自制力較低，屬於容易隨波逐流的類型（意志不堅者*）**。意志不堅者容易感到厭倦，不擅長堅持做同一件事，而且欠缺自發和主動的態度。這些人即使服完刑期，也會因為沒有一技之長，無法在社會上安身立命，最後只能不斷依靠偷竊來維持生計。

另外，即使努力想洗心革面，一旦身上貼著前科犯的印象標籤，便很容易在各行各業中遭受歧視（Labeling，➡一六〇頁）。於是當事人認為：「反正不管我怎麼努力做，也沒用。」心裡充滿了否定的自我認同*，進而自暴自棄，陷入不斷犯罪的惡

＊意志不堅　和意志薄弱的意思相同。德國精神科學者施奈德（Kurt Schneider）將精神病的型態分為十類，其中一個類型就是意志不堅（見第八一頁）。

性循環中。

順帶一提，擁有前科（過去受到徒刑、監禁、罰金等刑罰，或是緩刑處分者）紀錄的人，若因為再犯而遭受逮捕，無論是多麼輕微的犯罪，就很難再獲得緩刑，大多都必須入監服刑。

因身心障礙而重複累犯

另外，**有些人因為智能障礙或精神障礙，不斷重複累犯**。舉例來說，智能障礙的女性，由於不具備法律認知的能力，重複從事賣春行為。在日本，這樣的人稱為**累犯障礙者**。這個稱呼是前眾議院議員兼新聞工作者山本讓司提出，二〇〇六年，他的著作《累犯障礙者》出版，從此之後便廣為人知，並且成為一般普遍使用的詞彙。

厚生勞動省在二〇〇七年進行的研究指出，當時入監服刑總人數約為兩萬七千名，其中智能障礙者或疑似智能障礙者就有四百一十人。同時，約有七成是再犯者，犯罪次數超過五次的累犯略少於四成。

這些累犯障礙者，**在社會上沒有謀生能力而孤立無援、經濟貧困，因而再犯而再次入監服刑**。

犯罪筆記　重複進出監獄　柵欄內不知悔改的每個人

安部讓二曾是黑道成員，也入監服刑過，出獄後將自己的經驗寫成一部自傳小説《柵欄內不知悔改的每個人》（一九八七年）。他過去曾被稱為神童，但國中時便加入黑道集團，後因犯下傷害案件而逃亡海外。回到日本後，就讀慶應義塾高中，卻又再度成為黑道集團組員，高中退學後，捲入槍擊案，一度差點死去。他在日本與國外都有入監服刑的經驗。

《柵欄內不知悔改的每個人》一書，描寫受刑人在獄中不符常理的日常生活，出版後便登上暢銷排行榜，並改編拍攝為電影。

＊**自我認同**（Identity）　心理學上譯為「自我認同」，由美國心理學學家艾利克森（Erik Homburger Erikson）所提出，意指內心對於自己是何人，該做什麼事情所抱有的一種概念。

06 扒手是一種職業型的犯罪

扒手必須練習技巧，所以自尊心都很高。

學會技巧後，就很難金盆洗手

扒手＊意指在被害人沒有發現的情況下，竊取被害人財物。扒手是古今中外常見的一種犯罪，十六、十七世紀的日本典籍記載，以及同時期的西洋繪畫作品中，都可以看見扒手的蹤跡。

扒手其實不是單獨行動，大多是集團犯案。負責吸引被害人（鴨子＊）注意力的角色稱為推車，另外一人實際出手行竊，還有一個人的工作是觀察、把風，每個人都有各自的任務。為了處理偷竊到的贓物，扒竊集團通常和其他犯罪集團有往來。

扒手雖然也是一種偷竊行為，但是和趁機搶劫不同，**犯人必須學習特定的技巧**。例如，他們不會拿走整個錢包，而是利用高超的手法，偷走錢包裡的現金，如此一來便能讓被害人更晚才發現異狀。為了達成這樣的行竊方式，需要不斷練習手指的靈巧度。從這一點來看，扒手可以說是一種**職業型的犯罪**。

過去的扒手自尊心極強，不會怠於鍛鍊。對扒手而言，雙手是最重要的生財器具，因此，平常他們都會十分小心保護好自己的雙手。

正因如此，**學成出師的扒手便以扒竊維生，也難以改掉扒竊習慣**。實際上，日本有一名八十一歲的老扒手，一生被逮捕了二十多次，總計在監獄裡度過了四十六年，一直到現在還能看到他被逮捕的新聞。

＊**扒手**　江戶時代稱為「巾着切り（譯註：相當於台語的『剪綹仔』）」，英語是Pickpocket。日文通常把目標稱為「鴨子」，相當於中文的「肥羊」。專門收購贓物的業者，行話是「圍籬（Fence）」。

扒手的案發件數逐年下降

但是，扒手這項「傳統技藝」已經漸漸消失，日本二〇〇三年案發件數超過兩萬五千件，到了二〇〇四年便開始下降，二〇一三年只剩五千四百五十四件，還不足六千件。原因在於，**使用信用卡支付的「客人」增加，人們已經不再身懷鉅款外出**。然而，**扒手如果不是以現行犯逮捕的話，通常很難起訴**。因此，為了遏止扒手作案，警察仍舊加強在街上巡邏。

扒手的主要犯案手法

以下說明扒手尋找的犯案目標，讓各位知道如何防範。

❶ 在擁擠的場合下手

最常見的手法，就是在擁擠的電車內、遊樂場所或是拍賣會場等，人潮眾多的地方犯案。

❷ 尋找喝醉的人下手

在電車中或是月台上，找尋喝醉的上班族犯案。

❸ 尋找插在褲子後方口袋的錢包下手

有些男性會把錢包隨便插在褲子後方口袋，正好是扒手行竊的最好目標。

❹ 轉移注意力後下手

故意拿著冰淇淋撞上目標，趁著與對方說話的時候扒竊。

＊**鴨子（肥羊）**　意指詐欺的目標，或是容易利用的人。日文有一句俗語叫做「鴨子背著蔥走來」（鴨肉火鍋加入蔥，可以消除腥味，增添美味），由此引用而來。

縱火是「弱勢者的犯罪」

不需和被害人直接接觸的犯罪，動機大多是為了「洩憤」。

縱火是火災發生原因的首位

縱火是日本**火災發生原因的首位**，也是發生率極高的犯罪。二〇一一年度，包括「疑似縱火」在內，就發生了九千五百件以上縱火事件。也就是說，可以推測縱火犯的統計數量，高達九千五百人次以上。

縱火是一項會產生公共危險的犯罪行為，特別是在有人居住的場所，或是對明顯有人活動的建築物縱火，就觸犯了現住建造物等放火罪（譯註：台灣為公共危險罪），刑罰極重，最重可處死刑。

縱火的動機與目的，可分成以下六種：①挾怨報復、②故意損毀*或蓄意犯罪、③隱匿罪行（為隱匿殺人等犯罪行為）、④詐領保險金（➡一二二頁）、⑤脅迫、恐怖攻擊、⑥縱火狂（藉由縱火感到快樂）。

縱火事件的共通點，就是**不需與被害人直接接觸**。而且也不需要高度智力和過人的體力，意思即是**女性、孩童、高齡者或缺乏自信者都能犯案**，因此縱火又稱為「弱勢者的犯罪」。

縱火狂是一種心理疾病

縱火犯當中，藉由縱火感到喜悅的類型，稱為**放火癖、縱火狂**（Pyromania）。這種情況即為**衝動控制障礙***，屬於一種精神疾病，**最大的特徵是，患者發現自己可以透過某種犯罪行為，獲得滿足感**

***故意損毀** Vandalism。破壞或汙損公共設施、藝術品等，美麗或有價值的設施。包括損壞設備、破壞景觀和隨處塗鴉。

或性方面的興奮感，便會一再重複相同行為。點火前的緊張感、燃燒時的熊熊烈火、消防員手忙腳亂的模樣，以及群眾看熱鬧的騷動氣氛，與這場火災相關的所有現象，都會讓縱火狂感到快樂無比。

人們經常把縱火狂稱為**連續縱火魔**，這些人縱火的動機，大多是為了**消除內心的不滿**。舉例來說，遇上不順心的事情時，縱火狂便會藉由放火來**報復**。感到悶悶不樂的時候，偶然看見易燃物的垃圾桶，也會順手放一把火。總之，當縱火狂明白**與他人正面衝突沒有勝算時，就會縱火發洩**。

縱火是簡單的犯罪，但刑罰十分嚴峻

縱火是孩童或高齡者都能輕易實行的犯罪行為，然而每次犯罪都會帶來嚴重的後果，也因此刑罰極為嚴峻。

動機

- 發洩不滿情緒
- 明白與他人正面衝突沒有勝算時

➡ 亦即「挾怨報復」

縱火狂的多數類型

- 少年
- 女性
- 高齡者
- 缺乏自信者等弱勢者

犯罪特徵

- 不須與被害人接觸就能犯罪
- 不需要過人的體力或高度智力

縱火是很容易實行的一種犯罪，但刑罰非常重。在明顯知道有人活動的建築物放火，在日本，可處五年以上刑罰，最重可處死刑。

＊**衝動控制障礙**　明知無法獲得長期的利益，卻只追求眼前的快樂和利益，依自身衝動行事的狀態。除了縱火狂之外，還包括偷竊癖、賭癮和除毛症等。

交通犯罪不是「過失」

汽、機車駕駛人都可能成為犯罪者。

輕視交通犯罪的風潮

對一般人而言，最可能觸犯的罪行應該就是**交通犯罪**。只要是汽、機車的駕駛人，都有可能因為一時不注意而成為犯罪者。舉例來說，超速或超車等違反道路交通法*的行為，是非常切身的問題，更可能因為發生車禍，**觸犯業務過失傷害罪或過失致死罪**，沒有任何人可以斷言，「這種事情絕對不會發生在自己身上」。

即使不是故意，一旦造成被害人死傷，就必須負起刑事責任，接受法院審判。倘若情節重大，更可能因此被判刑入獄。

特別是二〇〇二年之後，日本針對酒後駕車的刑罰更為嚴峻。在酒醉或酒測值超標的狀態下開車，可判三至五年徒刑，或科五十萬（譯註：新台幣約十三萬六千元）到一百萬日圓（譯註：新台幣約二十七萬兩千元）罰金，若因此造成他人死傷，最高可處二十年徒刑。上述修法的結果，雖然有效減少酒後駕車的案例，但每一個肇事者在事發之前都心存僥倖，認為**「應該不會被抓到」**或**「自己還很清醒」**，**也就是說，對交通犯罪抱持輕忽的態度**。多數的交通事故，肇事者都不是蓄意犯案。

「業務過失*」這個罪名，因為**「過失」兩字，容易降低肇事者的犯罪意識**。然而，幾乎所有交通事故都伴隨著刻意違反交通規則的情事。而且並非所有違規事故都會帶來重大傷害，因此，**當事人遭**

＊**道路交通法**　簡稱道交法。用意在於維護所有道路使用人（包括行人和汽機車駕駛）的安全，以及維持道路通行順暢。針對各種違規行為，制定相對罰則。

到取締時，非但不會反省，反而還認為自己只是運氣太差。

承上所述，對於善惡沒有明確的標準，僅依當場狀況來判斷，並且隨時處於變動的情況，就稱為**「價值標準混亂」**。

容易引起交通犯罪的性格

本節一開始就提到，任何人都可能因為違反交通規則而成為犯罪者，但是頻繁引起事故的人，都有一些共通的特徵。諸如：**自我中心、缺乏協調性、情緒化、性急、缺乏判斷力等**。

殺人和竊盜等一般犯罪者，也都具備上述性格，根據調查顯示，頻繁引起交通事故的人當中，約有二至三成也會涉及一般犯罪。

另一方面，即使上述性格的人未涉及一般犯罪，也很容易觸犯違規停車或超速等規定。總而言之，這樣的人通常都沒有守法的觀念。

犯罪筆記

危險駕駛一再發生，法律也不斷修訂

因行車事故導致他人受傷，即觸犯業務過失駕駛傷害罪，若被害人因此死亡，則為業務過失駕駛致死罪。但是，近年來相繼發生多起惡劣的危險駕駛案例，完全無法以「過失」論之，因此，政府認為必須針對這些事故科以重罰，二〇〇七年在刑法中新增「汽車駕駛過失致死傷罪」，以及「過失駕駛致死傷罪」。將最高刑期從五年提高到七年。

若判斷肇事情節惡劣，更可以更嚴峻的「危險駕駛致死傷罪」來科刑，「致死罪」最高可處二十年以下徒刑。

＊**業務過失**　「業務」意指於社會生活中，反覆、連續從事的活動，業務過失則指於此期間，可能對他人生命與身體造成危害的情況。也就是說，包括通勤、購物、用餐與休閒等目的的駕駛行為。

09 綁架事件是成功率極低的營利行為

犯人大多缺乏計畫能力，動機也很單純。

不划算的犯罪

除了固力果森永事件（➤一九二頁）等例外案件，綁架*事件的動機可以大致分為兩類，即「**以營利為目的的綁架**」和「**以猥褻為目的的綁架和監禁**」（➤八六頁）。以猥褻為目的的綁架，有時候會在數日後放走被害人。另外，有些犯人會因為想要小孩，就去誘拐、綁架別人的孩子。

在電影裡，我們經常看到以營利為目的的綁架案，犯人頭腦清晰而且計畫嚴謹，但其實綁架是一項「**不划算的犯罪**」。因為很多案例失敗的原因，都是收取贖金*的方法和不知該如何處置人質。實際上，過去發生以營利為目的的綁架案，幾乎都是失敗收場。

另一方面，遭逮後的刑責極重，如果情急之下殺了人質，勢必會被判以極刑。

漫無計畫的犯罪

即使如此不划算，卻仍計畫綁架，由此可見犯人的**性格應該都是漫無計畫，對任何事情不會深入思考的類型**。而且他們的動機通常是「對方那麼有錢，應該拿得出贖金」，或是「**很簡單就能拿到錢**」，說起來極為幼稚，犯案手法也都很單純，缺乏計畫，一旦發生預料之外的情況，就會手忙腳亂，結果就失手殺死被害人。這種個性衝動，容易意氣用事的人，很可能屬於邊緣型人格異常。

＊綁架　用計將被害人騙出，強行帶走。雖然英語是kidnapping，但對象並不侷限於小孩（Kid）。強行將被害人帶走的行為，也可稱為是「擄人」。

邊緣型人格異常自我檢視

邊緣型（Boarderline）人格異常的起因，是幼年到成年的成長過程中遇到挫折，無法順利發展為成人的狀態。若符合下列項目五點以上，即可能具有邊緣型人格異常。

檢查表

- □ 在現實或妄想中，強烈害怕遭人拋棄，因而異常努力（不包括自戕行為）。
- □ 處理人際關係的態度十分極端，只有「完全無缺」或「不屑一顧」兩個選項，無法冷靜和他人溝通。
- □ 對自己一無所知，也不知道該如何處世。
- □ 經常一時衝動，做出不利於自己的行為，例如：浪費、性行為、濫用藥物、危險駕駛、暴飲暴食等（不包括自戕行為）。
- □ 重複嘗試自殺，展現尋短意圖，以此威脅他人，或是不斷傷害自己。
- □ 情緒不穩、喜怒無常，像雲霄飛車一樣讓人捉摸不定。
- □ 抱持慢性的虛無感，難以感到幸福。
- □ 無法順利控制情緒，常因一點小事心煩、盛怒或受傷。
- □ 感受到強烈的壓力時，會出現暫時性失憶，以及類似精神疾病的狀態。

（改編自美國精神醫學會發表《精神疾病分類與診斷索引》〔DSM-5〕）

＊**贖金**　利用綁架、擄人監禁等行為，限制人質自由，向其親屬要求金錢財物，做為釋放人質的交換條件。這樣的事件觸犯「擄人勒贖罪」。

群眾心理造成的集體霸凌

人們成群結黨後，就會跟隨某人的判斷，整體行動變得同調。

整個集團受到獨特的價值觀支配

有些集團會群起攻擊一個人，不僅施以暴行，甚至還會殺了對方。通常我們心裡會覺得，一定是某個凶惡的集團所為，但實際看到成員後會發現，每個人都並非想像中那麼殘暴。然而，人們在成群結黨後，就會做出一反常態的行為，這種情況就稱為**集團心理**。

和身旁其他人採取相同行動，可以**獲得安心感**，**即使該行動已經超出原本的道德規範，仍舊會繼續配合他人（同調行動）**。災害發生時，如果接收到食品缺貨的消息，人們就會開始搶購，陷入恐慌狀態，這種現象也是集團心理所致。

另外，**任何一個集團，都很容易受到獨特的價值觀支配**。只要是集團認定「正確」的事情，無論多麼超乎社會常識，每個集團成員都會遵從該價值觀（**集團思考***）。

再者，法國社會學學者勒龐（Gustave Le Bon）表示，**當人們群聚為集團，整體知識水平和判斷能力，會比單獨一個人的時候還要降低許多**。簡而言之，在集團當中，「個人」的特質就會愈來愈薄弱，成員都想依賴集團中某人的判斷（**分散責任**），同時整體的行動步調就會愈來愈一致。

同調產生激烈的集團霸凌

一九七〇年代曾發生**連合赤軍凌遲事件***，成員

＊集團思考　美國心理學學者詹尼斯（Irving Janis）表示，具有凝聚力的集團，組織結構一定都有缺陷，當他們面臨各種刺激的情況，就會出現集團思考的徵兆。

間因為一些微不足道的原因，找出一群人做為目標，反覆實行**名為「總括」的集體凌遲**，最終殺害了十二名同志。這個事件可說是一個典型的例子，由於受到過度激烈且異常的信念支配，導致整個集團失去平常心而暴動，進而產生同調的激進行為。

另外還有一些實例，例如：足球比賽中，各隊伍的支持者，因為太過熱中而發生鬥毆；還有轉學生遭到同學集體霸凌；數名女性監禁一名同伴，集體對她施暴；年輕人集體虐待流浪漢致死等，集體凌遲的事件可說是層出不窮。

集團思考造成的最壞情況

人們只要聚成集團，就會學習多數派的行動和主張，有意識或無意識之中，每個人都做出相似的行動和主張（同調）。

集團心理　和周遭的人採取相同行動（同調行動），藉此獲得安心感。

集團思考
- 集團中具有特定且通用的價值觀。
- 成員間出現必須服從該價值觀的氛圍。
- 個人的判斷能力、智慧水準下降。

那傢伙竟然忤逆我！
必須給他一點教訓。
沒錯！
沒錯！

＊**連合赤軍凌遲事件**　凌遲即是一種私刑。連合赤軍是一九七一至一九七二年間，在日本活動的恐怖組織（屬於新左翼的一支）。由共產主義者同盟赤軍派，以及日本共產黨神奈川縣委員會合併組成。

12 白領犯罪與組織犯罪

信用和地位兼備的白領階級，以個人身分或以組織型態來犯罪。

利用立場，獲得利益

與組織相關的犯罪（職務犯罪）有兩種形式。一種是組織內的個人犯罪，另一種是整個組織就是犯罪集團。

前者的情況，是**組織內的個人，利用其地位與立場，透過觸犯法律的行為來獲取個人利益**。這種犯罪都屬於個人行為，例如：握有許可、認可權利的公家機關職員，收受企業或團體的金錢財物（賄賂）之後，在審核上便宜行事做為回報，這樣的情況就觸犯了收賄罪，若偽造公文則為偽造文書罪，將他人託付保管的金錢財物，私下據為己有，屬於業務侵占，其他還有背信*、內線交易*，都是組織內部的個人犯罪。

貪汙也是一種**白領階級犯罪**，因為必須擁有某種程度的權限才能做到，所以也稱為「菁英犯罪」。

犯罪組織的成員，罪惡感通常薄弱

後者是組織型犯罪，為了避免組織（公司等）在社會上風評變差，**成員們經常會湮滅證據或事先串供，藉以隱瞞犯罪事實**。因此，有些組織的確能夠因為證據不完全，獲得不起訴處分。目前公諸於世的實例，有雪印集團乳製品食物中毒事件、一連串食品偽裝標示事件，以及活力門（Livedoor）事件等。

雪印集團食物中毒事件爆發當時，面對媒體要求延長記者會，該公司社長表示：「不要一直逼問，

＊**背信**　公務員或公司職員為謀求自己的利益，利用地位或職務，對服務的公家單位或公司帶來損害。背信罪屬刑法規定，特別背信罪則適用公司法。

我到現在覺都沒睡耶。」這句話讓他飽受抨擊。一家引起社會騷動，讓民眾中毒的食品公司，不應該用這種態度來面對社會大眾。從這句話可以隱約看出，**「組織型態犯罪者，並不認為自己有過錯」**。由這樣的思考方式，可以推測他們心中的罪惡感十分薄弱。

再者，**利用職務之便犯罪，對商務人士或企業而言，可說是日常生活的一部分，也是一種大人的智慧，就某種意義來說，這些犯罪都是正常行為**。因此，他們明知故犯，但心裡卻毫無罪惡感。

涉入職務犯罪的一刻

在企業或公家機關中發生的犯罪有兩種，分別是為了個人利益以及為了公司的利益而觸法。當個人偶然取得超越以往的權力時，便會面臨道德考驗。

個人利用組織內職務之便犯罪

業務上的盜領或內線交易等

目的在於獲得個人利益。

結合組織全體，做出觸法行為

隱匿、偽裝或詐欺等

湮滅證據或事先串供。
認為「組織整體的犯罪，自己並無過錯」，罪惡感薄弱。

＊**內線交易**　損害金融市場商品信用的代表性不法交易。利用職務之便，得知公司未對外發表的資訊，並將資訊洩漏給外部人士，聯手操作該公司股票。

13

網路是犯罪的溫床

網路具有匿名的特性，而且不易留下證據，因此得以降低犯罪門檻。

網路犯罪的最高峰

網路犯罪意指所有透過網際網路執行的犯罪行為，亦稱為**電腦犯罪**。利用網路的犯罪有年年增加的趨勢，日本在二〇一三年遭舉發的件數高達六千六百五十五件，創下史上最高峰。

網路犯罪手法大致可分成三類：①以電腦、電磁紀錄為對象的犯罪（非法操作金融機關等線上終端裝置，擅自將他人戶頭中的存款，轉移到自己的戶頭）、②利用網路環境的犯罪（販售興奮劑等違法物品，或是上傳猥褻影片至連接網路的終端機，供多數人瀏覽）、③違反禁止非法連結行為等相關法律（竊取他人帳號、密碼做為己用等行為）。

其中第②項網路犯罪手法，最常見的例子是用來交涉兒童性交易，或違反兒童色情製品禁止法的犯罪，其次則是詐欺事件。

網路空間讓犯罪者乘虛而入

現今這個時代，人們的生活可以說離不開網路，傳播資訊的主要方式大多是電子郵件和電子留言板。這些**網路空間***（Cyber space）與現實空間（Real space）不同，具有幾項特點，如：①**高度匿名性**、②**證據保全不易**（**無痕性**）、③**被害對象為隨機多數**、④**不受時間**、**場所限制**。而這些特性可說為犯罪者提供極佳的作案環境，這也是網路犯罪率逐年升高的原因。

***網路空間**　Cyber space是cybernetics與space兩者合成的詞彙。意指在電腦和網路上，多數使用者自由交換資訊的虛擬空間。

特別是匿名性這一點，因為在網路上看不到彼此的長相，也不知道對方的名字，犯罪者和一般使用者，想說什麼、想做什麼，都可以毫不猶豫立即執行。因此，犯罪門檻也就降低許多。

再者，所有網路使用者都可能成為被害人，而且受害規模在短時間內就會迅速擴張。加上沒有時間、場所的限制，即使犯人居住在地球的另一端，也可能會讓我們遭遇受害的危險。

社群網站是網路犯罪的溫床

社群網站（SNS，Social Network Service）很容易成為上述犯罪的溫床，舉例來說，有LINE或Facebook、Twitter、Ameba部落格等，這些社群網站原意是為了增進朋友之間的感情，但有時候會令我們**公開過多個人資訊。使用網路，充滿各種受害的危險性**，例如：成為網路霸凌的對象，被性犯罪者或偽裝身分*的犯罪者盯上，真可說不可不慎。

犯罪筆記

闇網可以委託殺人或買賣槍械，真可謂犯罪的溫床

網路有一項特性，就是容易找到志同道合的人。因此，具有犯罪思想的人，例如：販賣危險藥物或委託殺人等，也能透過闇網群聚在一起。

二〇〇七年，名古屋市內發生一起強盜殺人事件，引起軒然大波，世人稱之為闇網殺人事件。簡單說明事件經過：一名女性在回家途中遭到綁架，最後慘遭殺害。作案的兇手共有四人，屬於集團犯罪，他們聲稱自己是在名為「闇黑職業介紹所」的闇網網站認識彼此，該網站的主要功能就是召募犯罪者。總之，闇網的主要目的都是引誘犯罪等違法行為，另外也有召集集體自殺者的網站。

＊**偽裝身分**　盜取他人的帳號和密碼，偽裝成該使用者，在網路上進行犯罪活動。竊取帳號之後，就能看到僅限擁有者檢視的資訊，這些個人情報的應用範圍極廣。

藥物濫用蔚為風潮

濫用藥物的原因，年輕人是為了追逐流行，主婦或中高年齡層是為了消除壓力。

濫用藥物已擴大到主婦和中高年齡層

興奮劑、古柯鹼、海洛因、嗎啡、LSD、大麻等危險藥物*，能夠**短暫帶來幸福和興奮的感覺，卻會讓人產生依賴，一旦養成習慣，更可能導致人格崩壞**。

這類藥物盛行，不僅對個人造成影響，更會敗壞整體社會風氣，目前全世界都嚴格取締。

過去在日本主要是黑道份子濫用藥物居多，**近年來，年輕人漸漸將危險藥物當作一種流行文化**，甚至經常能在新聞看到演藝人員，因為持有危險藥物，遭到逮捕的報導。現在，只要到熱鬧街區、酒吧或音樂活動會場，一般人都能輕易購得。**濫用藥物的年齡層有降低的趨勢，另一方面，有些主婦和中高年齡層的人，也為了消除壓力而開始使用危險藥物**。

容易濫用藥物的人

藥物犯罪意指觸犯麻藥及精神科藥物取締法、興奮劑取締法和大麻取締法*。另外，藥事法、關稅法和麻藥特例法等，也都針對藥物訂定管制規範。

其中，以營利為目的進口、出口及製造興奮劑者，最高可處無期徒刑。一旦遭到取締，**販售方（營利者）的罪責絕對高於使用者**，在此針對使用者（被害人）的心理加以探討。

有些人太在意他人眼光，無法強硬拒絕惡意的遊

＊危險藥物　在日本，過去稱為脫法藥物、合法藥物、違法藥物等，自二〇一四年七月起，透過一般公開募名程序，統一稱為「危險藥物」。

說，他們認為：「如果讓對方不高興，日後不知該怎麼相處」、「不想被人看扁了」等，並且以為「只試一次，應該沒關係」，便應許了對方的慫恿（然而，即使只使用一次，就會對大腦造成影響，非常危險）。

販售危險藥物的人，通常擅長掌握他人的心理，因此懂得用各種說詞來說服對方，例如：「大家都在用」或「只有沒出息的人，才會怕東怕西不敢用」。

容易濫用藥物的人

容易濫用藥物的人，通常個性內向、意志力不堅定，或者十分依賴他人，具有強烈的同調傾向。

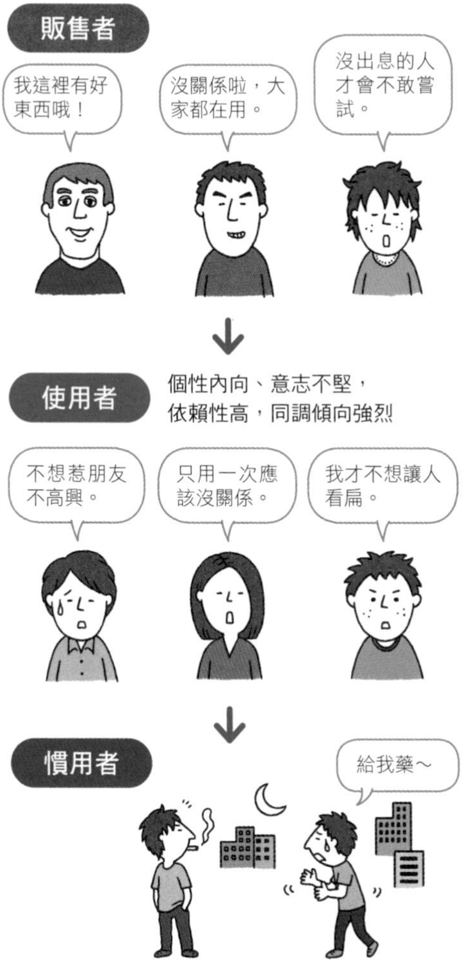

＊興奮劑取締法、大麻取締法　大麻取締法雖然禁止使用、栽種、轉讓大麻，但是並不禁止單純持有。興奮劑取締法完全禁止使用。

TOPICS 8

「每一起犯罪背後都有一名女性」已成過去式？現代女性也開始主導犯罪

「每一起犯罪背後都有一名女性」，在日本，這是一句耳熟能詳的話，有一句法語是「去找女人」（Cherchez la femme.），意思是說只要找對女性，就能獲得犯罪的線索。日本也是一樣，警察在搜查的時候，也經常提到女性是關鍵。但實際上真是如此嗎？

男人經常為了女性而起爭執，或是為了女性失去男性的尊嚴，這樣的情況自古以來就屢見不鮮，例如：埃及女王克麗歐佩特拉，將凱撒和安東尼操弄於股掌中，或是熱情的吉普賽少女卡門，讓多少男人為之傾倒，步上毀滅之路。雖然卡門是一部虛構的作品，但也真實描寫了男人甘願為美女付出一切的心理，同時也讓人感受到女性特有的神祕感與魔力。

回到現代，犯罪者絕大多數還是男性（見第五六頁），但隨著女性開始進入社會，不可否認，女性犯罪的機會也愈來愈多。實際上，在公司負責會計工作的女性，盜用公款的案件確實是層出不窮。這類事件說起來也算老派，大多就是女性被男人欺騙而犯下罪行。

近年來，女性也開始成為犯罪的主導者，教唆男性去殺人的案例也愈來愈多。

第 8 章

制裁犯罪與矯正、更生的目的

犯罪者接受審判到判決為止的過程

犯罪者必須負起社會責任，並且為自己造成的傷害贖罪。

舉發後，逮捕到審判的過程

犯罪者必須為自己造成的傷害負責，也就是依責任的重大程度和犯下的罪行種類贖罪。為了回歸社會，他們還必須經過矯正的過程。這一節，我們來談談**成人犯罪者會接受的刑罰，以及矯正的過程**。

通常犯罪發生後，警察就會以執法機關的身分開始搜查，找出嫌疑人後，便向法院提出舉發*。遭舉發、逮捕的**嫌疑人，原則上必須在四十八小時內移送檢察廳**。接著經過檢察官查證，判斷**起訴**或**不起訴**（➡二〇六頁）。遭起訴的嫌疑人在這個階段會成為被告人（譯註：在日本，「被告」一詞用於民事訴訟，刑事訴訟則稱「被告人」，故在此保留原文），之後由法院**審判**（**公審**）。如法院認定必須為案件負責，即成為**刑事處分**的對象。

在開始公審後，除重大犯罪或有湮滅證據、逃亡之可能者外，皆可申請保釋*。

刑事審判的過程，是由檢察官、被告人與其辯護人在法官面前進行辯論，再由法官判定是否有罪。公審的最後階段，在檢察官提出論告求刑，辯護人進行最終辯論，以及被告人最終陳述之後即結審（亦即審判程序結束）。接著法官會宣告判決，決定被告人的罪責。日本的判決分為拘留、科料、罰金、禁錮、徒刑、死刑等。裁判員參加的刑事法庭，請參見➡二〇八頁。

***舉發**　舉發意指搜查機關經過推斷找出嫌疑人，通常是指警察或檢察官所做的調查。逮捕意指以持有逮捕狀為原則，逮捕並拘留嫌疑人。

犯罪者遭舉發到接受審判的流程

嫌疑人在遭到舉發、逮捕後會移送交檢察廳，決定起訴後即由刑事審判庭裁決。以下介紹流程。

舉發、逮捕

經過警察搜查後舉發、逮捕嫌疑人（嫌犯）。

送交檢察廳

接受偵訊的嫌疑人，原則上必須在四十八小時內送交檢察廳。

※檢察廳為檢察官執行檢察事務和檢察行政事務的官署，各級法院本廳和支部，皆設有專屬的檢察廳。

微罪處分

罪行輕微不起訴，或接受微罪處分。

決定起訴、不起訴

檢察廳依證據判斷犯罪是否成立，決定起訴或不起訴。

公審

經起訴後，即接受法院審判，嫌疑人以被告人身分出庭。

結束審判

公審的最後階段，由檢察官提出論告求刑，辯護人進行最終辯論，被告人最終陳述後，法庭審判即告結束。

判決

法官宣告判決。

＊**保釋**　起訴後，被拘留的被告人與其辯護人、代理人、家屬等可提出保釋，後由法院裁決。如獲准保釋，必須繳納保證金（保釋金）。

決定起訴或不起訴

檢察官握有廣泛的裁量權，嫌疑人大多可獲得不起訴處分。

依據起訴便宜原則所做的判斷

檢察官接收嫌疑人之後，會依警察在搜查階段收集的證據（包括還原現場*在內），以及嫌疑人和關係人的筆錄等，來判斷是否起訴。

刑事處分，一般是指由法院宣告的判決，但日本採**起訴便宜原則**，遭到起訴的比例約占**整體案件的三分之一**。

起訴便宜原則意指**檢察官依據嫌疑人的性格、年齡、生長環境、達成和解與否、有無監護人及犯罪後的表現等，整合所有狀況之後判斷是否起訴**。也就是說，檢察官握有廣泛的裁量權。

不需進行公審，簡化的判決程序稱為**略式**。檢察官在**地方法院**或**簡易法庭**提訴的程序稱為**略式起訴**，透過這些程序，在公審前由法院提出的命令即為略式命令。

符合略式程序的要件主要有兩點，一是案件可處罰金以下的刑罰，另一點是嫌疑人並未對略式程序提出異議。

檢察官也可決定**不起訴處分**。舉例來說，嫌疑人可排除犯罪嫌疑，或是證據不足的情況等。再者，即使證據不足，也可能**考量犯人的性格、年齡、境遇等，給予不起訴（緩起訴*）處分**。

日本的刑事案件，約有九成以上都獲得緩起訴或不起訴處分。

***還原現場**　發生犯罪或事故後，搜查機關可行使任意處分權力，召集犯人、被害人及目擊者等人，重新還原犯罪當時的狀況，並依此做為查證依據。

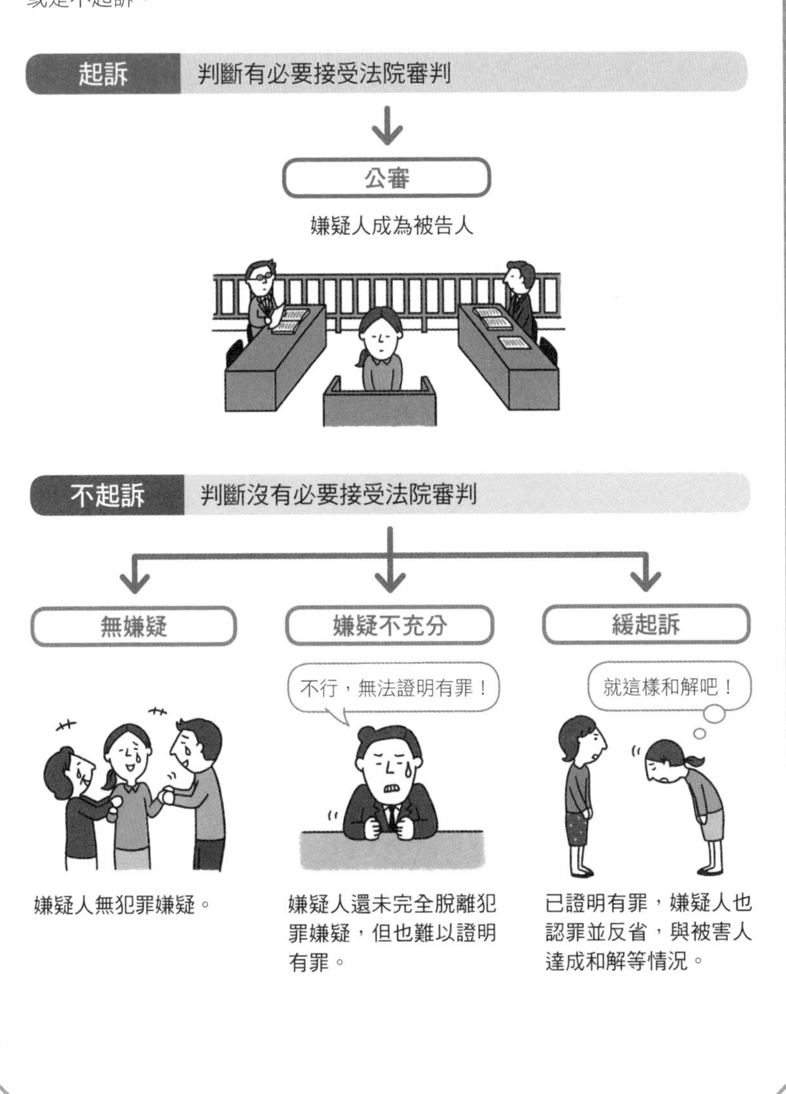

＊**緩起訴**　嫌疑人認罪並充分反省，與被害人達成和解後，很可能獲得緩起訴。緩起訴不會留下前科，但會留下逮捕紀錄。

03 一般人可參與判決的陪審團制度

陪審團制度隱藏著許多問題，但仍受社會大眾肯定。

陪審團的遴選與審判時的職責

二〇〇九年，日本開始在刑事法庭（公審）內採取**陪審團制度***，此舉在犯罪心理學領域，開創出一個重要的研究課題。

以下說明陪審團的選定方式。各地的市區鄉鎮選舉管理委員會，會以抽選的方式做成名冊，該區域內的地方法院再以此為據，做成隔年的陪審團候選人名冊。登錄於陪審團候選人名冊的當事人，會收到通知以及調查表。除了認定辭退事由合理者之外，由候選人名冊中抽選數人，再透過詢問表或面試，最後選出六人擔任案件陪審團。

經選為陪審團者，將與法官一起參與刑事案件公審，一直到判決結束為止。公審時，陪審團可以調閱證據文件，也能夠對證人或被告人提問。最後陪審團和法官共同評議，決定被告人的罪責。當全員意見不一致的時候，則採取多數表決的方式評審判決。陪審團的任務，一直到判決宣告時才算結束。

專家與一般人的觀點不同

平常和法律與審判完全無關，且不具備相關知識的一般人，以陪審團的身分參與審判，心理必定會感受極大的壓力。況且他們能夠決定被告人是否有罪，判決有罪時還必須決定刑期，**這些決定都將左右被告人以及被害人家屬往後的人生**，可說是承受了極強烈的精神壓力。

（↘承左頁）將在開庭時親臨現場，聽取開庭程序、陪審團權限與義務等說明。擔任陪審團的人，若非不可抗力的事由，開庭時不得無故缺席。

陪審團制度的本意，是希望在審理案件時，不只聽從法律專業人士的觀點，同時更加重視一般人的看法。另一方面，一般人共通的特徵是**「外行人理論」**（➡二八頁），而且**重視感情層面**。專業人士和一般人，因觀點不同而產生問題，也是不爭的事實。

再者，**對於被告人的自白與證人的證詞等，陪審團是否能做出正確的判斷，也是一個難以解決的問題**。因此，為了讓沒有法律知識的一般人也能輕易理解，在短時間內參與審理，檢辯雙方都會將重點整理出來。然而，也有學者指出，檢察官和律師使用影像，或是高度的說話技巧來獲得共鳴或同情，這樣的手法會對陪審團造成極大的影響。

另外，集團合議做出判決，還可能造成同**調和服從**的問題。每個人的意見可能因為極端化現象而過於集中，或是有些人不表達意見，**交由多數決定的現象**。

話雖如此，目前陪審團制度大致上還是受到肯定的評價。多數擔任過陪審團的人，認為透過這體驗，可以更加了解司法制度與加害人和被害人的實際情況。

犯罪筆記　適用陪審團制度的案件

陪審團制度適用於刑事案件，主要的案件如下所述。

- 殺人
- 因強盜造成他人受傷或死亡（強盜致死傷）
- 造成他人受傷或死亡（傷害致死）
- 爛醉狀態駕駛汽車而引起事故，造成他人死亡（危險駕駛致死）
- 在他人居住的房屋縱火（現住建築物等縱火）
- 為了獲得金錢而綁架他人（擄人勒贖）
- 不給孩童進食並放置不管，導致其死亡（監護人遺棄致死）
- 為獲取利益，進口興奮劑（違反興奮劑取締法）

等

＊**陪審團制度**　採取陪審團制度之前的刑事法庭，是由三名法官評議做出判決，陪審團制度則是由六名陪審員和三名法官，一同評議判決。被選為陪審員的人，（↗接右頁）

監獄的目的

監獄的功用不僅是將犯罪者與社會隔離，原本的目的是矯正。

剝奪自由的禁錮、徒刑

日本刑事裁判（公審）的判決種類，分為科料、拘留、罰金、禁錮、徒刑和死刑。

科料是強制徵收一千日圓（譯註：約新台幣兩百七十三元）以上，未滿一萬日圓（譯註：約新台幣兩千七百三十元）；**罰金**則必須支付一萬日圓以上。**拘留**是不得緩刑的實際徒刑，刑期為一天以上，最長二十九天，收容於刑事設施。拘留是輕犯罪的最高刑罰。

禁錮和徒刑兩者都必須入監服刑。**禁錮**雖然沒有服刑務作業*的義務，但當事人如有意願，也可以工作（有期禁錮原則上是一個月以上，二十年以下）。**徒刑**則有必須服刑務作業的義務（有期徒刑原則上是一個月以上，二十年以下，但如有合併其他犯罪等原因，最長可加重至三十年）。

順帶一提，拘留、禁錮和徒刑，合稱為**自由刑**。

監獄的目的不是隔離，矯正才是重點

監獄是**執行禁錮或徒刑的收容場所**。目的在於剝奪犯罪者的自由，將他們與社會隔離，保護一般社會大眾的安全。

但是，現在的監獄除了是贖罪的場所以外，**更重要的功能是實施矯正教育，讓他們出獄後不會再犯，並且能夠有所成長**。

話雖如此，由於監獄是個犯罪者聚集的場所，必

＊**刑務作業**　共有四項，分別為生產作業、社會貢獻作業、職業訓練與自營作業。刑務作業約有八成是民間委託，所得收入均歸國庫所有，並支付受刑人部分報酬。

須避免讓他們交換資訊，或是學習手法。因此，**執法機關會依犯罪程度、本人資質、能力與環境，將犯罪者分類收容，這樣的做法稱為「分類處遇」**。

另外，為了讓受刑人順利回歸社會，必須實施一般性的改善指導，讓他們養成端正的生活習慣、培育健康的身心與學習各種知識，最近也會針對犯罪內容，實施特別性質的**矯正計畫**（性犯罪處遇計畫等）。

透過假釋，讓犯罪者更快回歸社會

關於矯正，**另外有一種在刑期未滿之前，讓受刑人附帶條件回歸社會的制度**，這種制度就是**假釋**。在日本，有期徒刑在刑期的三分之一，無期徒刑經過十年後，若是在監獄內表現良好，就能向行政機關申請假釋處分。

申請假釋必須符合以下條件：出獄後有人收留、受刑態度良好、被害人同意假釋、對事件已經充分反省、再犯可能性極低、本人希望獲得假釋等。獲准假釋者，**在假釋期間必須接受保護管束*，如違反上述條件，即必須重新回到獄中**。

犯罪筆記

可緩刑的判決，目的在於給予更生機會

「徒刑兩年，緩刑三年」的判決，意指在三年內延緩執行徒刑，在這段期間內，若沒有再次犯罪，即無必要接受兩年的徒刑。但是，緩刑期間若涉及其他犯罪，並經法院判決有罪，原則上即取消緩刑，除了最初的徒刑外，還必須加上再次犯罪的刑期。

緩刑的目的是為了讓犯罪者在接受徒刑期間，有機會可以在社會環境內更生，即使獲得緩刑判決，當事人仍是有罪之身，前科紀錄並不會因此改變。

***保護管束**　該制度的實施對象是獲得緩刑或假釋者，或是接受保護處分的少年等，在保護管束官的指導下，由保護司召募的民間義工來觀察、輔導，以期犯罪者能在社會環境中改過向善，達到更生目的。

05 少年犯罪的處置

未成年者的偏差行為（犯罪），主要由家庭裁判所和兒童諮詢所來處置。

少年偏差行為依少年法審理

在日本，**未成年者（未滿十九歲）的犯罪，稱為少年偏差行為**（➡一四二頁）。未滿十九歲的犯罪少年（滿十四歲，未滿十九歲，違反刑罰法令者）處置方式與成人不同，雖然也會送交檢察機關，但是並不會接受一般法院審理，而是**交由家庭裁判所**＊（譯註：台灣為「家事法庭」）**依少年法**（➡二一六頁）**審理**。

然而，若少年犯下的案件，經判斷不適合由家庭裁判所審理，則會再次送交檢察機關（**逆送**＊），和成人同樣接受一般法院審判。

家庭裁判所收到警方送來的筆錄後，由家庭裁判所調查官與當事者少年面談，聽取犯罪事實與其動機。另外，在調查少年的教養過程和家庭環境後，找出犯罪行為的原因，並考慮該下達什麼樣的處置，才能促使其更生，最後提出意見書給法官裁決。家庭裁判所依上述筆錄與意見書，決定對少年的處分內容。

家庭裁判所下達處分

處分內容分為三類，分別是**不開啟審判、不處分與保護處分**。所有少年事件中，約三成為保護管束處分，剩餘七成是不開啟審判和不處分。

不開啟審判意指僅執行調查程序，幾乎所有少年事件都歸類於不開啟審判處分。

＊**家庭裁判所**　負責審判、調停與家庭有關的事件，同時也執行少年保護事件的審判。略稱為家裁，家裁的判決結果，原則上不對外公開。

犯罪少年的處置流程

未滿十九歲的犯罪少年，處置與成人不同。依少年法規定須送交家庭裁判所決定處分，若案件情節重大，則可能逆送回檢察機關。

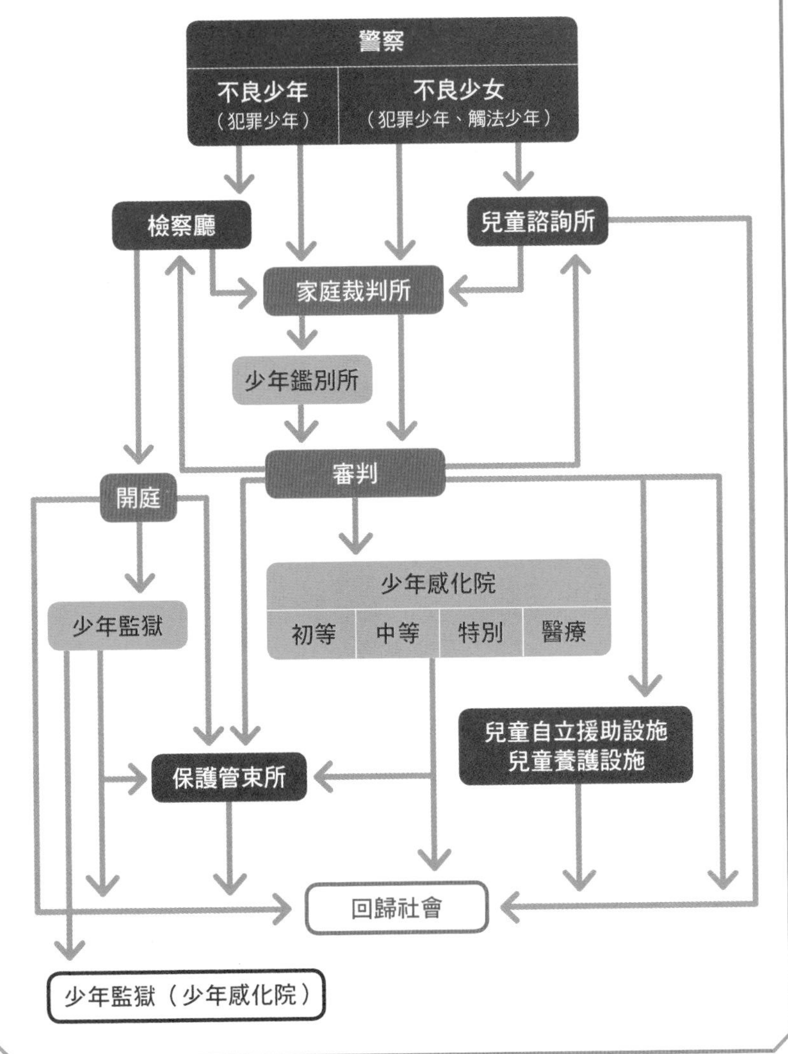

＊逆送　送交家庭裁判所的少年事件，再次送回由檢察官調查，通常用於犯罪情節重大的事件。特別是發現十六歲以上少年，刻意造成被害人死亡的事件，原則上規定必須逆送。

不處分意指即使開始審判，犯罪種類也不屬保護處分，或認定無其必要者。不處分相當於刑事案件獲判無罪。

保護處分不屬於刑罰，而是由國家代替雙親，矯正少年的性格，並調整成長環境，務求讓少年健全成長。保護處分還分為**保護管束**、**移送少年感化院或兒童自立援助設施**、**兒童養護設施**（僅限未滿十八歲少年）。

再者，若認定必須接受保護處分時，少年必須由家庭裁判所調查官直接觀察一段時間，做為保護處分的試驗觀察。

保護管束的對象，大多可以待在自己家裡，並由保護司實行出路諮詢和生活指導。

移送少年感化院的對象，都有很大的可能會再犯，難以選擇在社會環境中更生的方式，因此只能將他們送至少年感化院內，接受矯正教育，主要是針對十二歲以上的少年。

觸法少年和虞犯少年的處置方式

在日本，未滿十四歲的少年犯罪（**觸法少年**▶▶一四三頁、第一七五頁）**沒有負刑事責任的能力**，**犯罪後須接受兒童福祉法處置**。一般而言，觸法少年是由都道府縣的兒童諮詢所*或福祉事務所負責收容，只有在行政首長或兒童諮詢所所長送交家庭裁判所時，才會接受少年審判。

再者，多數少年並不會進入少年感化院，而是由**兒童自立援助設施***收容，在那裡接受生活指導，協助他們自立。未滿十四歲的**虞犯少年**的處置方式也是一樣。

另一方面，發現十四歲以上的虞犯少年，則必須通報家庭裁判所。十四歲以上，未滿十八歲的虞犯少年，如判斷犯罪不需送交、通報家庭裁判所，較適合由兒童福祉法處置的情況，則直接向兒童諮詢所通報。

***兒童諮詢所**　基於兒童福祉法設置的兒童福祉專業機構，收容對象由零歲至十七歲，執行業務為養護諮詢、保健諮詢、心理與身體障礙諮詢、行為偏差諮詢、養育諮詢。

虞犯少年意指**「由於性格或環境影響，將來可能犯罪，或做出觸犯刑罰法令行為的少年」**，以下列舉數項虞犯要件：

①性格頑劣，不服從監護人正當管教；

②無正當理由，與家庭關係疏遠；

③與涉及犯罪或不道德的人來往，進出不良場所；

④個性乖僻，經常做出傷害自己或他人的行為。

觸法少年和虞犯少年的處置流程

未滿十四歲的少年犯罪（觸法少年）和虞犯少年，視為無負刑事責任的能力，需以兒童福祉法處置。

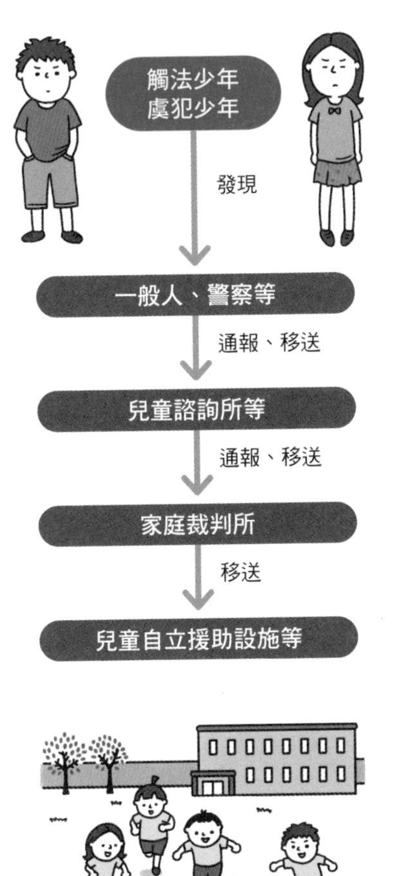

＊兒童自立援助設施　在日本，過去稱為感化院、少年教護院、教護院，最後演變為這個名稱。屬厚生勞動省管轄，收容不良少年或必須接受生活指導的兒童，實施必要的指導和自立援助。

06

少年法修正帶來的改變

隨著少年犯罪複雜化與凶惡化，要求少年法必須「嚴懲」的呼聲高漲……。

讓少年重新回歸正軌的保護主義

誠如上一節所述，**少年犯罪**的司法制度，比起成人還要複雜許多，可能讓人感到難以理解。造成這種情況的最大的原因，其實就是少年法的存在。

少年法的適用對象是行為偏差的未成年人（日本法律上，將女性也稱為「少年」），內容規定家庭裁判所的各種程序和處分。偏差行為不僅限於犯罪，也包含可能構成犯罪的情況。

因此，少年法的**理念即是「以讓少年能夠健全地成長為目標」**，這個理念又稱為**保護主義**＊。總之，處分內容必須配合事件的狀況和孩子的發育狀態而改變，目的不在懲罰孩子，而是必須讓孩子反省，並重新回歸正軌。正因如此，需要一套特別的司法程序。

少年法修正為「嚴懲」

但是，少年犯罪漸趨複雜化與凶惡化，媒體也一再大肆報導少年法不備之處，指出必須與成人接受相同的刑罰與責任，輿論也大聲疾呼少年法有必要重新審視。原因之一是修正前的法律採取**保護主義，只尊重加害人的人權，卻不考慮被害人的人權**，這一點最受到強烈的批判。再者，**希望「嚴懲」**的呼聲也愈來愈高漲。

日本在上述的趨勢當中，**二〇〇〇年少年法修正法案成立**。此次修法的最大重點如下：①**送交檢**

＊**保護主義**　一九〇〇年由美國開始提倡，其後推廣至世界各國。日本從大正時代起，就嘗試採用此原則，第二次世界大戰後，創立少年法、家庭裁判所和少年感化院，正式全面實行。

察官（**逆送**，➡二一二頁）的年齡由十六歲修正為十四歲；②十六歲以上少年故意犯罪，導致被害人死亡的情況，原則上必須逆送；③故意犯罪致被害人死亡，或認定為重大事件的情況，檢察官可出席審判，在討論事實認定的場合，檢察官可陳述意見；④少年鑑別所最長收容期間，由現行四週延長至八週；⑤審判結果將通知遺屬和被害人。

其後，少年法在二〇〇七年與二〇〇八年又再次修正，二〇一四年，針對未滿十八歲的少年，因少年不適用無期徒刑，改判有期徒刑的上限由十五年提高至二十年，明確表示出增加刑罰強度的傾向。

話雖如此，也有另一方意見表示，即使改變少年法，趨向「嚴懲」，也無法完全消滅犯罪。涉入犯罪的孩子們，真正需要的是傾聽他們的煩惱，隨時有人在一旁教導，這才是根本的解決之道。

犯罪筆記

少年鑑別所、少年感化院、少年監獄的區別

犯罪少年收到法院發出觀護處置命令後，在逮捕與審判之前，必須進入少年鑑別所。在此處釐清少年從事偏差行為的原因與動機，並實施「資質鑑別」以評估更生的可能性。

家庭裁判所裁定保護處分的少年，必須進入少年感化院，在此處接受矯正教育，目的在於培育健全的性格，讓少年得以適應社會生活。感化院依偏差行為的嚴重性和年齡等條件，分為初等、中等和特別等級，如發現少年具有身心障礙或智能障礙，則移送至醫療少年院。送交檢察官接受刑事處分的少年，最終必須進入少年監獄。

07

分析不良少年的心理

為了實施不良少年的矯正與更生，首先必須理解少年的心理狀態。

掌握不良少年的心理極為重要

不良少年犯下罪行，背後一定都有原因。舉例來說，因為家庭環境惡劣，成長過程中缺乏雙親的愛，或是在學校遭受霸凌，事實上，少年面臨著各式各樣的問題。

在這些背景當中，深受傷害、失去自信或者覺得活得沒有希望，最後涉入犯罪。這些**孩子需要的不是「嚴懲」，而是周遭人們的支持**，這一點在上一節已經說明過。

為了矯正不良少年，促使其更生，首先**必須確實掌握他們的心理狀態**。這個過程稱為**心理評估**＊。

心理評估的方法

心理評估的方法有**觀察法**、**面談法**、**心理檢查（心理測驗）**、**調查法**。其中面談法是最常用的方法。實際與不良少年見面談話，聽他們訴說現在的想法、犯罪時的心情、家裡的情況和交友狀況，盡力去掌握少年的心理狀態。面談法有幾種形式，沒有設定計畫（流程）的自由面談，或是在會談室決定時間等條件，之後進行直接面談。

觀察法也有幾種形式，例如：觀察他人行動真實面相的自然觀察法，或是行動觀察法，這種方法是觀察少年對職員的態度，以及在團體生活中的行動模式等。

＊**心理評估**　評估意指「針對某種現象的客觀評價」。心理評估意指，利用各種檢查和測驗，得知目標人物的心理狀態資訊。

心理測驗則可利用以下幾種方法，測試智力、人格等資質：田中比內特式智力測驗或韋克斯勒式智力測驗（兩者皆為一對一個別式智力測驗）、**問卷法**（五項性格因子調查、法務省式人格檢查等）、**投影法**等。

投影法是指讓受測者繪圖、解釋圖案或書寫文章，從中解讀其性格特徵，有羅夏克測驗（墨跡測驗；以潑墨繪製而成，左右對稱的圖形）和HTP測驗（屋樹人測驗；繪出房子、樹木和人物的測驗方式）等。

心理評估的主要方式

心理評估的方法有觀察法、面談法、心理檢查（心理測驗）、調查法。其中最基本的方式是面談法。

觀察法

- 自然觀察法
- 行動觀察法
- 條件觀察　等

面談法

- 自由面談
- 直接面談
- 生活環境面談　等

心理測驗

- **智力測驗**
  田中比內特式智力測驗及
  韋克斯勒式智力測驗等
- **問卷法**
  五項性格因子調查、法務省式人格檢查等
- **投影法**
  SCT（文章完成法）、羅夏克測驗、HTP測驗、家庭畫、沙盤庭院造景等

羅夏克編製的墨跡測驗圖例。

08

精神疾病患者該判有罪還是無罪？

重點在於，精神疾病患者犯罪當下是否具有責任能力。

心神喪失者與精神耗弱者

發生於二〇〇一年的**大阪教育大學附屬池田小學兒童殺害事件**（➡八一頁），相關報導指出，該名男性犯人曾有因精神病住院和就醫紀錄，實際在公審中，也對他實施**精神鑑定**（➡二二二頁）。日本法律規定，**「心神喪失**＊**者之行為不罰，精神耗弱**＊**者之行為得減輕其刑」**（刑法三十九條）。承上所述，**刑事責任能力**＊可區分為：①無責任能力（心神喪失）＝無罪；②部分責任能力（精神耗弱）＝有罪但減刑；③完全責任能力＝有罪。這種「無責任則免刑罰」的主張，稱為責任主義。

為了釐清是否具備責任能力，對於可能患有精神障礙的加害人，在起訴前或公審期間，會對其進行精神鑑定。

精神障礙者不起訴的處置

罹患精神病是否就不具任何責任能力，不管做什麼事情都無罪嗎？且看以下實例：一九八四年，最高法院決定（譯註：日文簡稱「最決」）「被告人在犯罪當時，即使罹患**思覺失調症**（➡二一七頁），也不能斷定被告人處於心神喪失狀態，其責任能力之有無與程度，必須綜合評估被告人犯罪當時的病況、犯罪前的生活狀態與犯罪動機和型態，才能加以判定」。上述大阪教育大學附屬池田小學發生的事件，犯人接受精神鑑定後，雖認定患有**人格異常**

＊**心神喪失、精神耗弱**　心神喪失意指因為精神障礙，導致行動之際完全無法判斷善惡的狀態。精神耗弱也是同樣判斷能力顯著低落的狀態。

（➡七九頁、第二二六頁），但其精神障礙並未達到可減免責任能力之標準。

另一方面，即使因心神喪失而獲判無罪，這些罪犯也不會留在社會環境中，他們必須入院接受治療。日本在二〇〇五年，**心神喪失者等醫療觀察法**開始施行，特別為不起訴的精神障礙者設立治療設施，**協助他們入院治療，期望得以回歸社會**。這些罪犯必須一直住院，直到醫師認定他們沒有再犯的可能性。然而，也有人指出，長時間住院可能造成反效果，使他們更難以融入社會。

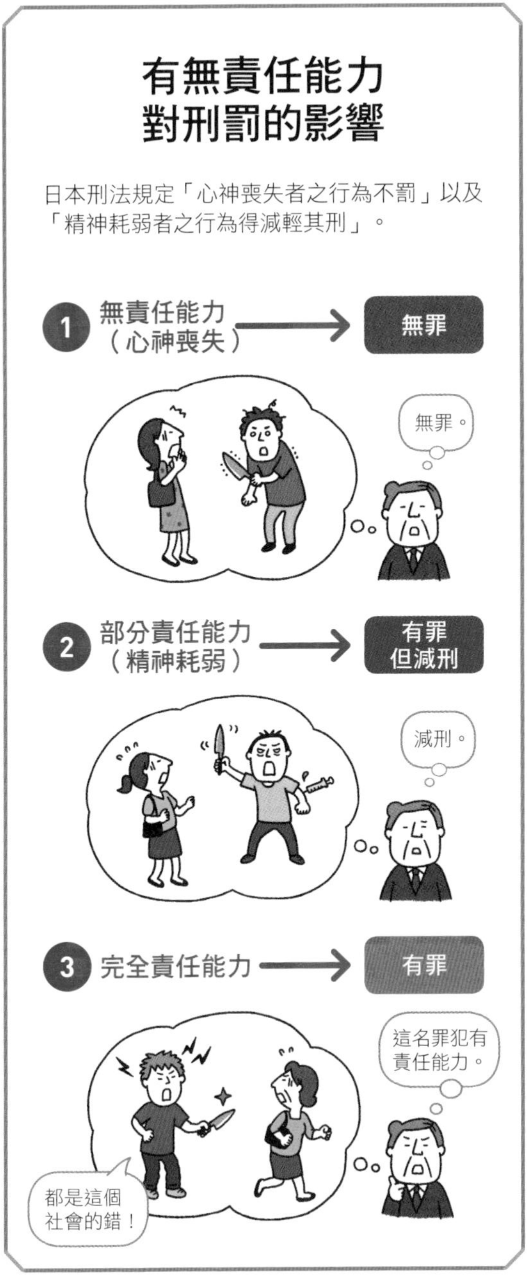
有無責任能力
對刑罰的影響
日本刑法規定「心神喪失者之行為不罰」以及「精神耗弱者之行為得減輕其刑」。
1 無責任能力（心神喪失）
無罪
無罪。
2 部分責任能力（精神耗弱）
有罪但減刑
減刑。
3 完全責任能力
有罪
這名罪犯有責任能力。
都是這個社會的錯！

＊**刑事責任能力** 刑事責任意指因從事犯罪行為，必須負起法律上的刑罰責任。若當事人無法充分負擔刑事責任，即對其所犯之罪得以減輕刑罰，這樣的情況稱為限定責任能力。

11 心理疾病與犯罪的關聯

精神疾病患者因病受苦，心中經常存在著各種糾葛。

人格異常者的犯罪

精神障礙者與一般人比較起來，犯罪比例極低，這是不爭的事實，但不可否認，**部分精神疾病患者確實具有高度犯罪危險。**

特別是有些情節重大的凶惡犯罪，是出自精神疾病患者之手。

人格異常（▼七九頁、第二二〇頁）意指當事人嚴重偏離所屬文化的期許、缺乏靈活度的狀態，通常會發生在青年期或成人期初期。而內心長期處於痛苦或異常的狀態，最後便藉由行動展現出來。

人格異常不僅造成本人煩惱，也會對社會帶來麻煩。例如頻繁做出讓他人感到困擾的行為，甚至因為無法得到他人理解，進而做出超乎異常的嚴重犯罪行為。

二〇〇八年，茨城縣土浦市荒川沖車站附近，發生一起**土浦連續殺人傷害事件**＊，犯人經過精神鑑定，診斷出為**自戀型人格異常**（誇大自己的能力，極度希望獲得他人讚賞，欠缺感同身受的能力）。警方在他的行動電話發現「我是神」、「我要把自己毀滅」等訊息。

邊緣型人格異常的人，在人際關係、自我認同和情緒方面都處於不穩定的狀態，個性極為衝動，容易做出傷害自己或他人的行為。而且通常具有偏執的妄想和強烈的執著，這種人格異常類型，曾犯下跟蹤狂殺人事件（▼九八頁）。

＊土浦連續殺人傷害事件　二〇〇八年三月發生於土浦市內，一名男性遭刺殺的事件。嫌疑人遭到通緝四天後，又在荒川車站附近刺傷路人與警察等八人，以現行犯身份遭受逮捕。

不過人格異常並非精神疾病，一旦犯罪就會被認定有責任能力，必須為贖罪付出代價。

思覺失調症與解離性人格疾患

過去曾有一段時期，人們將思覺失調症稱為「精神分裂症」，顧名思義，隨著病情加重，當事人會轉變成完全不同的人格，同時產生幻覺、幻聽、思考障礙、強烈的興奮與衝動等狀況，最後引發犯罪行為。這種疾病的患者，大多會犯下殺人或縱火等重大犯罪，被害人約有八成都是近親。

解離性人格疾患（多重人格障礙）的症狀，是會反覆出現複數人格，在原始的主人格不知情的狀況下，由別的人格控制自己的行動。這種情況非常難透過精神鑑定診斷出異常，也就是說不知道在犯罪的當下，是本來的人格或是其他人格所為，另一個問題就是不知道犯人是真的多重人格，抑或只是裝病。

一九七七年，美國俄亥俄州發生連續強姦、強盜事件，其後逮捕的犯人**比利．密里根***（Billy Milligan），主張自己患有解離性人格疾患，最後因而獲判無罪。

犯罪筆記 發育障礙者犯罪問題癥結在於社會環境

發育障礙意指從年齡較低的時期開始，智能、行動、溝通、社會適應度等，各方面都出現問題的情況，包括精神遲緩、自閉症、亞斯伯格症候群、注意力不足．過動症等，這些症狀都是因為天生腦部功能異常所致。

發生在二〇〇四年的佐世保市小六女學生殺人事件，根據報導，犯人——這名小學六年級的女學生，就罹患了亞斯伯格症候群，因而造成「發育障礙等於容易犯罪」的印象。然而，或許大人和社會對於障礙者的歧視，才是問題癥結所在。

***比利．密里根**　一九七七年，他在俄亥俄州立大學校園裡，犯下連續強姦、強盜三名女性的罪行。比利除了本人之外，還擁有其他二十三名人格，在當時引起話題。

TOPICS 9

《十二怒漢》與《十二名善良的日本人》

各位是否聽過一部美國電影？是一九五七年發行的《十二怒漢》（薛尼．盧梅〔Sidney Lumet〕執導）。內容描寫一名少年，因為犯下殺父之罪而接受審判，十二名陪審員在陪審團室中討論判決結果。一開始，法庭上提出的證據和證言，都對少年十分不利，大多數陪審員都堅信少年有罪。然而，其中一名陪審員卻主張少年無罪。於是眾人展開議論，之後漸漸地一名、兩名陪審員的意見也開始產生變化。直至最後，少年獲判無罪。

日本腳本家三谷幸喜的創作《十二名善良的日本人》，也曾拍成電影（一九九一年）。這部腳本完成的時間，約為日本真正施行陪審團制度（見第二〇八頁）的二十年前，為一部喜劇，內容假設日本已實施陪審團制度，主要表達人類審判另一個人，是多麼困難的事情，堪稱是一部傑作。

美國的陪審團制度，原則上必須是十二個人一致認為有罪，判決才算有效。另一方面，日本的陪審團制度，是六名陪審員加上三名法官，合計九人一同議論，最後採多數決來決定有罪或無罪。也就是說，即使五比四也可以認定有罪。這一點，和美國的「嫌疑不罰」大原則相衝突。但無論如何，陪審團都應善盡議論之責，做出最適切的判斷。

第 9 章

犯罪心理學

犯罪心理學的歷史①——實證檢驗的開端

從亞當和夏娃的原罪開始，採取實證科學研究的開端。

龍勃羅梭採取實證手法

犯罪心理學意指研究犯罪事實、犯罪者和犯罪行動心理的一門科學學問。自古以來，人們便一直在探討犯罪者是什麼樣的人，十九世紀後半，義大利精神科醫師**龍勃羅梭**才開始以實證觀點來研究這項議題。

龍勃羅梭實際診察許許多多受刑人，調查他們的體格和身體、心理特徵，並與一般人（士兵等）的身體、心理特徵做比較，發現犯罪者具有精神異常徵兆的比例，比普通人高出許多。

「禁果」一詞，出自《舊約聖經．創世記》，伊甸園裡的果樹當中，有一株的果實絕對不能吃，但夏娃偷摘下來和亞當一起分食，於是兩人便被逐出樂園。

從此之後，「禁果」就成了「原罪*」的隱喻（Metaphor）。於是，有關人類本性的問題，也成為哲學或宗教討論的觀念思想，經過龍勃羅梭**利用實證手法來解析犯罪心理之後，為犯罪研究帶來長足的進步**。

與生俱來的犯罪者

龍勃羅梭提出**「天生犯罪人」**的概念，認為犯罪的人都是天性使然，**一出生就註定成為犯罪者**。

先前提到的人類學調查指出，頭部大小和形狀異常、臉部左右不對稱、顴骨和下巴寬大、耳朵異

＊原罪　基督教認定人類祖先最初犯下的罪行。《舊約聖經．創世記》記載，亞當和夏娃違背神的旨意，偷嚐禁果。

何謂天生犯罪人？

龍勃羅梭認為犯罪者在身體上必定具有某種特徵，這些異常的人就是「與生俱來的犯罪者」，而且還會「隔代遺傳（祖輩基因作用）」。

觀察犯罪者（受刑人）與士兵所做的比較

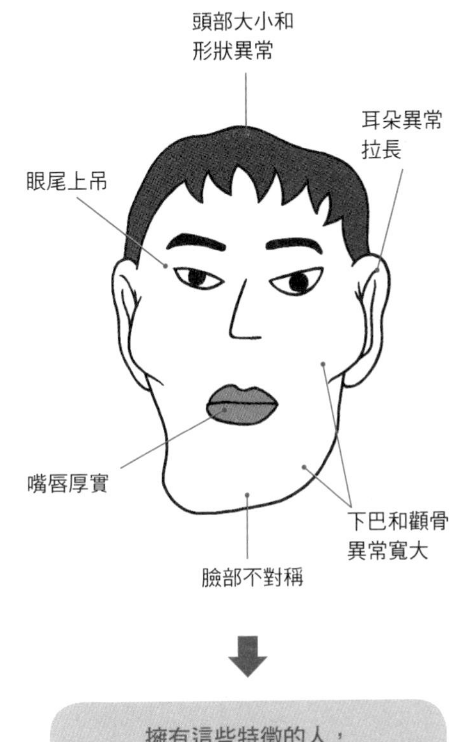

擁有這些特徵的人，
就是「與生俱來的犯罪者」。

常拉長、雙眼有缺陷或異於常人等，這些不平常的身體特徵，都被視為天生容易成為犯罪者。由於這個時代骨相學＊十分興盛，也無怪乎會如此以貌取人。

然而，這樣的想法單純只是偏見，之後許多研究者都加以否定。話雖如此，犯罪者與生俱來就不同於常人的想法，一直到現代，或許都還根深柢固地藏在我們心中。

＊**骨相學**　十九世紀前半，在歐美大行其道的學説，當時人們相信只要看頭蓋骨的大小和形狀，就能了解一個人的性格和精神特性。據説德裔醫師加爾是創始者。

02

犯罪心理學的歷史②——依體格分類

依體格區分人類性格，並研究與犯罪的關聯。

克雷奇默提出體格類型理論

克雷奇默（Ernst Kretschmer）和**謝爾登**（William Herbert Sheldon）與龍勃羅梭相同，都是從犯罪者的個體切入研究。德國精神科醫師克雷奇默提倡**體格類型理論**，認為人類體型和性格有關聯，並將人類的體型分為三種類型，同時還提及體型與犯罪的關係。

矮胖型的人，性格急躁，容易犯下詐欺罪，**瘦長型**的人具有精神分裂傾向，大多涉及竊盜、店內行竊、詐欺等犯罪。**運動員型**的人個性執著，犯罪類型大多與暴力相關。

另外，不包括在這三種體型之內的**發育異常型**，則會做出反道德行為或從事性犯罪。

謝爾登提出胚胎學類型論

另一方面，美國心理學學者謝爾登繼克雷奇默之後，又提出**胚胎學類型論***，將體型分為**內胚層體型**（消化系統發達，體型渾圓）、**外胚層體型**（皮膚和細胞組織發達，身型瘦長）和中胚層體型（骨骼和肌肉發達，體格強壯），並且分析這三種體型的性格（依胎生期胚葉發育狀況，特別發達的部位來分別命名）。

謝爾登以一座小型特殊收容設施內的不良少年做為研究對象，發現不良少年大多為中胚層體型，較少外胚層體型。

（↘承左頁）特性論意指人類的性格是由數個特性組合而成。雖然不需要勉強區分類型，但性格很難以直覺來理解。

體型真的和性格、犯罪有關聯嗎？

克雷奇默與謝爾登提出性格類型論，也說明了性格與犯罪之間的關聯性。雖然這些性格理論，現今學界並未完全接受，但也不失為一種直覺式又簡單明瞭的說明。

克雷奇默的分類

矮胖型

有躁鬱傾向，外向且親切，有時會激動地暴怒或大哭。

▼

【與犯罪的關係】

容易犯下詐欺罪。

瘦長型

具有精神分裂的傾向，生性嚴謹且神經質。不擅長社交，但個性溫和。

▼

【與犯罪的關係】

容易犯下竊盜、店內行竊、詐欺等相關犯罪。

運動員型

個性執著、一絲不苟、井然有序，對事物容易熱中。

▼

【與犯罪的關係】

個性執著，容易引起暴力犯罪。

內胚層體型

消化系統發達，身材渾圓。愛好美食，相當渴望他人關愛。

外胚層體型

皮膚和細胞組織發達，身型瘦長。個性纖細，容易疲勞。

中胚層體型

骨骼與肌肉發達，體型強壯。自我主張強烈，生性好動。

▼

【與犯罪的關係】

這種類型的人大多會成為不良少年。

＊**類型論**　性格的分類法大致可分為類型論和特性論。類型論是以數個基準來將性格分類，克雷奇默的體格類型理論、謝爾登的胚胎學類型論和榮格的類型論，都是代表性的例子。（接右頁↗）

犯罪心理學的歷史③——遺傳與智能

透過遺傳、血統、智能等因素來解釋，為什麼會發生犯罪。

犯罪與遺傳有關嗎？

二十世紀初，英國獄醫**戈林**（Charles Buckman Goring）提出**犯罪遺傳論**，反駁龍勃羅梭提出的天生犯罪人學說（➡二三〇頁）。戈林研究發現，親子或兄弟姊妹同為犯罪者的機率確實較高，**得出的結論是犯罪與遺傳特性有關**。他並指出，比起生活貧困、家庭環境、教育等因素，遺傳與犯罪的相關性更高。因此，為了減少犯罪者產生，戈林提倡應該禁止犯罪者生育下一代。

惡性基因對血統也有影響嗎？

在研究遺傳的同時，一定也會涉入**血統研究**。倘若犯罪傾向會遺傳，當然也就會造成犯罪者的一脈血統。

美國心理學學者**高達德**（Henry Herbert Goddard），以名為卡里卡克（Kallikak，非本名）的女性做為研究對象，調查她的家族血統。卡里卡克家族的一名男性祖先，曾在獨立戰爭中和一名智能不足的女性生下孩子後，隻身回到家鄉，其後與另一名女性結婚，也產下子嗣。

高達德比較這兩個家族，發現前者相繼生出能力低劣的後代，而後者家族成員都是正常人，還出現不少高學歷份子。由此可見，「**惡性基因***」**的確會遺傳至後代**。

然而，學界指出戈林與高達德的研究方法論與研

（↘承左頁）DNA內部存在許多資訊，作用是產生蛋白質，引導身體發育、生命機能運作，這些資訊就是基因。DNA內部的基因不同，導致每個人成為具有各種差異的個體。

究數據，存在著許多問題。甚至懷疑高達德對卡里卡克家族的研究，是憑空捏造的故事。

智能與犯罪者的關係

高達德又認為**犯罪者在精神層面也有特徵**。他對受刑人實施智力檢查（改良法國心理學學者比內特〔Alfred Binet〕開發的測驗），對外發表百分之七〇的受刑人都是智能障礙者，這項研究的結論顯示，**智能障礙者是潛在的犯罪者**。於是，當時多數學者都相信，犯罪者的智能，大多比非犯罪者還低，但現在這套學說已證明並非事實。

染色體異常者較易犯罪嗎？

也曾有人研究**犯罪與染色體*的關係**。人類的性徵染色體，在正常的情況下，男性是XY，女性是XX，但有時不明原因導致染色體數量改變，有些人會擁有三個染色體（XXY、XYY）。這樣的案例就稱為染色體異常（Klinefelter's syndrome）。**淺香昭雄**曾以雙胞胎學校做為研究對象，之後發表成果，**指出少年鑑別所、少年感化院和教護院，經常可以找到XXY或XYY的孩子**。

再者也有研究報告顯示，X成分較多的XXY型，性格也會偏向女性化，常會犯下衝動性的竊盜、性犯罪和縱火；Y成分較多的XYY型，則是極度男性化，通常會成為具攻擊性的犯罪者。

但是，這些染色體與犯罪關聯的研究，在日後累積統計數之後，又發現並沒有這樣的差異。

因此，當時的犯罪心理學才會轉向由「犯罪者的心理」來做解釋。到了二十世紀，**學界開始由社會學、生物學等層面，對犯罪者進行人格分析。佛洛伊德建立的精神分析理論，更是對犯罪心理學有著極大的貢獻**。

***基因與染色體**　構成人類身體的基本單位是細胞。細胞核內有四十六條染色體，染色體中有著螺旋狀的DNA（去氧核糖核酸）。（↗接右頁）

04

犯罪心理學的相關領域

不只有助於犯罪搜查，還能協助犯罪者更生，或防範犯罪於未然。

從犯行發生到實施更生，都與這門學問有關

犯罪，對社會而言是個大問題。因此，從古至今有各種研究，企圖解決這個問題。犯罪心理學可以說也是其中一項對策。

犯罪心理學**對犯罪搜查有幫助**。舉例來說，為了逮捕犯人，必須搜查各種證據，判斷犯行當下的狀況，並且掌握犯行自始至終的概況。而為了掌握這一切，找尋犯人的意圖以及犯行目的，就是不可或缺的工作。

此時，犯罪心理學就能夠派上用場，**為警官在執行犯罪搜查時，提供所欠缺的專業知識**。

但是，犯罪心理學的目的，並非僅為了協助逮捕犯人，也是「為什麼會犯罪呢？」的心理解明的學問，更進一步來說，也是一門研究如何防範犯罪的學問。

總之，犯罪心理學的目標，可說是**包括探求犯罪原因（心理），讓犯罪者不會再犯下相同的罪行，並且協助他們更生**。從犯行發生開始，一直到犯罪者回歸社會，都是這門學問探討的範疇，又或許是一門正面直視犯罪的學問。

另外，犯罪心理學被賦予的角色，不僅是分析已發生的犯罪，還能輔導可能犯罪的人（擁有多數危險因子的人），**發揮事前防範的作用**。

包括許多社會心理學的要素

因此，研究對象是犯罪行為者的智能、性格、認知結構與思考模式等，不只涉及個人內在心理特質，**同時還必須涵蓋犯罪行為者的形成環境條件。**

總之，犯罪心理學的研究，必須涉獵各種學問領域，因此，其中也包括許多**社會心理學***的要素在內。

犯罪心理學的目的

犯罪心理學不僅在發生犯罪後，逮捕犯人時能夠發揮作用，還能運用在防範犯罪於未然。

犯罪發生

從犯人的心理狀態，分析犯罪行為發生的原因和情況。

也能活用於防止再犯，協助犯罪者更生。

防範犯罪於未然

輔導可能犯罪的人，發揮事前防範的作用。

***社會心理學** 人類是在社會上群居的動物，社會心理學就是探討人類的學問，解釋在社會影響下的個人行動機制。個人與個人、個人與多樣的社會之間的相互作用，都是研究對象。

06 犯罪原因論與犯罪機會論

討論犯罪預防對策時，這兩門學問缺一不可。

個人特質與環境要因

犯罪原因論*的研究目標，是找出犯罪者涉及犯行的原因，並排除不可能的要素，該理論的前提是「犯罪者與非犯罪者的區別」。另外，犯罪原因論不僅考量個人特質，還探討包括居住地區在內的廣泛環境因素。

舉例來說，透過荷爾蒙與基因等研究，從犯罪者的身體探尋犯罪原因，這是**生物學原因論**；由家族、性格、媒體影響等方面切入，分析犯罪者心理的方法，是**心理學原因論**；調查貧困與否、交友關係、地區特性等條件，整理出犯罪者歸屬的社會，則是**社會學原因論**的研究範疇。

種種差異形成原因，促使人們成為犯罪者的思考方式，非常淺顯易懂，而且也容易讓人接受。

但是，即使原因論歸納出犯罪起因的個人特質，卻未能找出預防或解決的對策，避免各類型的人涉及犯罪，或是遏阻犯罪的發生。

犯罪機會論探討造成犯罪的環境因素

一九八〇年代以來，歐美的犯罪研究發展，逐漸由犯罪原因論轉向**犯罪機會論***。這個論點主張，犯罪者和非犯罪者的個人特質並沒有太大的差異，就算是內在不具備犯罪性向的人，遇到可以犯罪的機會，也會犯下罪行，而有犯罪傾向的人，若沒有獲得可以犯罪的機會，也不會實踐犯行。也就是

***犯罪原因論**　用於闡明犯罪的原因，藉由去除這些原因，能夠防止發生犯罪。但即使闡明原因，實際上仍難以將之去除。

說，**分析犯罪發生的環境（現場），排除環境誘因，就能減少人們實行犯罪的機會**。

無論是犯罪原因論或犯罪機會論，都屬於**預防犯罪理論**。然而，近年的研究趨勢，較著重犯罪機會論的發展，因為排除犯罪機會，防範犯罪於未然，較容易建立預防犯罪的政策，也能制訂出全面性的防範對策。因此，專家學者們，都致力於研究如何創造預防犯罪的環境。

原因論與機會論可以並行

不過，另有一派學者認為，這兩個理論應該同時並進，他們的立論基礎是：「犯罪原因論所擬定的犯罪對策，並非完全無效。在研擬犯罪對策之時，原因論和機會論應該相輔相成。然而，日本的犯罪對策，太過重視犯罪原因論。」或許在日後，機會論會更加受到學界重視也不一定。

犯罪筆記

社區安全地圖是犯罪機會論的運用實例

目前，多數自治團體和學校等，都有設計「社區安全地圖」，標示出孩子的日常生活地區裡，「危險地區」和「安全地區」。這樣的地圖，其實就是運用犯罪機會論，分析出容易發生犯罪的地區，具體做法就是由地區社群團體，經過調查與討論，找出犯罪盲區（犯罪成功率高的場所）。

製作地圖的過程，就是實際找來孩子，讓他們在社區內行走，和指導者一起觀察，什麼樣的地方容易有可疑人物侵入，或是平常行人較少經過，孩子們也能藉此學習到，如何在社區裡保護自身安全。

＊**犯罪機會論**　減少犯罪機會，就能有效防患未然的概念。一九八〇年代，犯罪原因論抬頭，同時也衍生出犯罪機會論，歐美也開始以此理論，做為制訂犯罪對策的依據。

07 搜查心理學與犯罪剖繪

從仰賴多重波檢查，發展至運用剖繪的科學搜查。

過去使用測謊器是心理搜查的主流

發生了一起犯罪事件後，警察便會開始搜查，找出犯人，將其逮捕、起訴。為了能夠順利起訴，必須釐清諸多事實，搜集齊全的資料。在這一連串的過程中，不可或缺或者能提供協助的理論，正是**搜查心理學**。

日本的犯罪心理學，過去都著重於矯正犯人，以及以研究矯正相關的臨床心理學為主。**搜查期間的心理學運用，則是仰賴俗稱測謊器的多重波檢查**＊**掃描器，藉以檢測口供的真偽**。這個儀器除了能夠成為指控犯人的證據，同時也能做為不是犯人的證據。

犯罪筆記 測謊器能否做為證據，確為值得商榷的問題

日本警察在一九五一年，開始使用多重波檢查來協助搜查。向嫌疑人提出有關事件的質問，觀察其變化，可謂是一種科學性的搜查手法。多重波檢查的研究，若是對外公開，可能會被犯人反過來利用，因此一直都是祕密進行著。日本警察開創的POT（緊張最高點質問法），雖然是一種優異的測謊方法，但基於「對外不公開」的關係，到目前仍未獲得高度評價。

在許多案件中，多重波檢查的結果，並未被視為證據，雖然是一種科學搜查手法，但仍舊屬於特殊的手法，目前做為供述內容是否值得信任的判斷標準之一。

＊**多重波檢查**　多重波是一種電流物理反應裝置，用來計測、記錄呼吸、脈搏、血壓、皮膚等多項生理現象，也用於睡眠檢查。

多重波檢查的研究，和其他搜查相關領域的研究相同，有一部分是不能對外公開的機密，因此不會公布結果（搜查資訊原則上也不對外公開）。即使日本的多重波檢查技術已經很成熟，也是一樣。

刑事搜查並不能以多年的直覺做為依據，必須累積實證事實，才能被認定為合法證據。在這樣的要求之下，還有另一種手法就是剖繪*技術。剖繪（Criminal profiling，➡二四四頁）意指，**實施犯罪搜查之際，以行為科學為依據，分析犯罪的性質和特徵（犯罪現場、犯人的行動等），歸類出犯人的特徵**，由美國聯邦調查局（FBI）開發並開始採用。日本是從**宮崎勤事件**、**酒鬼薔薇事件**等獵奇連續殺人事件發生後，開始利用剖繪做為搜查手法。

但是，剖繪技術仍不是一項萬能的方法。

獵奇連續殺人事件——宮崎勤事件與酒鬼薔薇事件

「宮崎勤事件」（東京埼玉連續誘拐女童事件）發生在一九八八年，起因是宮崎勤的父親發現兒子犯下一起猥褻事件，並以現行犯遭到逮捕。在偵訊中，本人供述出這起連續誘拐女童事件，並且依照供詞找到被害人的遺體。當時宮崎勤還寄發犯罪聲明到報社，或是將被害人的遺骨寄給家屬，極度異常的行為，在世間引起一陣騷動。

「酒鬼薔薇事件」（神戶連續兒童殺害事件）發生在一九九七年，該事件的犯人，當時只是個十四歲的國中生。神戶市內某國中正門放置一顆兒童頭顱，口中夾帶一封署名「酒鬼薔薇聖斗」的犯罪聲明文。其後，犯人還寄送第二封犯罪聲明文到報社。這起事件發生的數個月前，同樣在神戶市也發生兩名小學女童遭到殘殺的事件，後來證明同樣是「酒鬼薔薇」所為。如此殘酷的事件，犯人竟是一名「普通的國中生」，對社會帶來極大的衝擊。

***剖繪**　由名詞Profile變化而來，意意是「側寫」、「基本資料」等。動詞化之後，引伸出「描繪輪廓」或「描寫人物特質」的意義。運用於犯罪搜查的剖繪，正式名稱是犯罪者剖繪。

08 FBI系統與利物浦系統

針對剖繪技術，相繼出現新研究和結構。

FBI系統是剖繪的開端

剖繪是**一種以行為科學觀點協助搜查的手法**。剖繪並非用於鎖定犯人，而是從犯罪現場的各種資訊中，以科學手法加以推測，提示最接近犯人的各種形象。

上一節提及，剖繪是由FBI*（美國聯邦調查局）開發。多數殺人事件的被害人和犯人之間，存在著金錢往來或感情問題，這些人際關係都可能是犯罪動機，只要從這方面著手，就能推斷出犯人。

但是，如果一起事件中並不存在上述的人際關係，例如：「無理由殺人」或「連續殺人事件」等，利用一般殺人事件的搜查手法，並無法鎖定犯人。

因此，為了解決這樣的事件，FBI便著手研究新型態的破案手法。

首先，FBI開始調查監獄中連續殺人犯的行為與特性，接著分析龐大的數據，浮現出的結果即是，看來形式變化多端的連續殺人犯，其實都有典型的犯罪現場和犯罪模式。

藉由這樣的手法，依照犯罪實例來分門別類，推測犯人屬於哪一種類型，稱為**FBI系統**。

轉換至利物浦系統的過程

FBI系統雖然嚴謹地研究犯罪者與犯罪行為實例，將犯罪分門別類以協助犯罪搜查，但仍有學者指出這個方式的問題點。在分門別類的時候，總

*FBI　美國聯邦調查局（Federal Bureau of Investigation），是美利堅合眾國的一個執法單位，跨越兩個州以上的犯罪事件，就屬於FBI管轄。

會遇到許多無法分類的混合型案件。因此，針對混合型的犯罪，只能靠剖繪專家*的經驗和直覺來彌補。

利物浦大學的坎特教授提出**利用大量樣本數的研究，可以在處理多數客觀數據之後，得知犯罪者的行為模式**。

也就是說，這是一種**統計式的剖繪**手法。**利物浦系統**是鎖定犯罪者特徵的方法，廣泛運用於分析連續犯罪事件。

剖繪的三種手法

犯罪的剖繪在目前大致分為三種手法。

連結分析

從已破案的事件找出與未破案事件的關聯，推測新發生的事件是否為類似事件，或可能是同一個犯人所為。在實施犯罪者剖繪或地理剖繪前，必須先進行這項分析作業。

犯罪者剖繪

推定犯人的個人特質。依據人類行為的相關假設，如：「特定人格和特徵的人，極可能具有類似行為模式」，來進行犯罪者剖繪。

地域性剖繪

推測犯行發生地和犯人居住地的關聯性，或是可能連續發生犯行的區域。

＊**剖繪專家**　執行剖繪（推論犯罪者的類型）工作的專家。在日本是由警視廳刑事部搜查支援分析中心負責剖繪。

日本在引進剖繪時，便決定採用利物浦系統。

順帶一提，日本最初實施剖繪分析的開端，是一九八八年發生宮崎勤事件（➡二四三頁）後，由科學警察研究所*防犯少年部環境研究室，以利物浦系統展開調查研究。

現在的剖繪手法

剖繪研究經過更進一步發展，到現在大致分為三種手法。

第一種是**連結分析**手法。從已破案的事件找出與未破案事件的關聯，推測新發生的事件是否為類似事件，或可能是同一個犯人所為。

當然，若能取得ＤＮＡ或指紋等有科學根據的證據更好，若無法取得的話，就利用犯罪行為來分析事件間的連結。

第二種手法，是**犯人特質推定**（**犯罪者剖繪**）。此時就可運用ＦＢＩ系統的臨床剖繪，或是利物浦系統的統計式剖繪。

地域性剖繪

第三種是**地域性剖繪**。

這種手法是以犯罪發生地點的地理資訊為基礎，**推測出地理性的資訊**。舉例來說，初期犯罪時，大多是在熟悉的環境場所作案，在這個基礎之下，再比對各式各樣的資訊，預測犯人的行動半徑與居住地。

環境犯罪學者布蘭廷漢夫婦認為，對犯罪者而言，住家周邊地區是決定犯罪的最佳場所，因為他們可以在日常生活的行動範圍內，找尋潛在的犯罪目標，並且容易掌握犯罪後的脫逃路線，因此，這個「安全地帶」就成為犯罪者的作案範圍。

另外，地域性剖繪當中，有一項**圓圈假設**。意思是說，在地圖上標示所有犯罪現場，找出兩處距離最遠的作案地點，以這兩點為直徑畫出一個圓圈。

＊**科學警察研究所**　簡稱科警研，為日本國家公安委員會的特設機關，附屬於警察廳轄下。執行科學搜查、防止犯罪、交通警察相關研究與實驗，以及針對證物等進行科學鑑識和檢查。

這個圓圈會包覆所有作案地點，犯人的住處有極大可能就在圓圈裡，這就是圓圈假設。

到了現在，地理分析工具更加先進，能夠更有效率地管理空間資訊，並計測地點間的距離。

同時，剖繪研究也因應犯人特質，發展出各種偵訊技術，以及釋放人質的談判技巧。

圓圈假設的剖繪過程

地域性剖繪手法當中的圓圈假設，可以簡單推定出犯罪者的活動空間與住處。以下介紹實際做法。

1. 準備自家周邊的地圖、尺和圓規。

2. 在地圖上畫出所有犯罪現場。

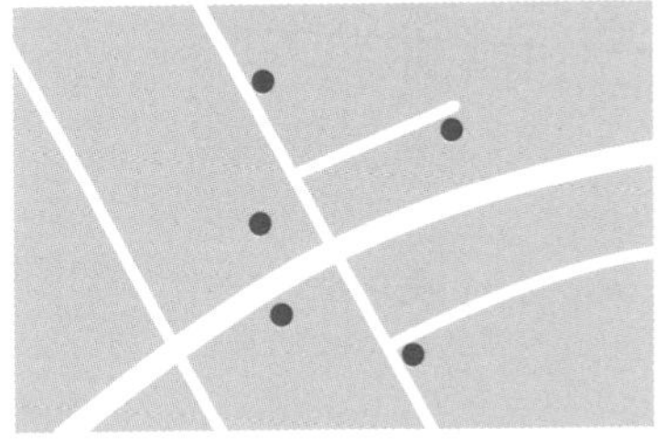

3. 從地圖上的地點中，找出兩個相隔最遠的作案地點，再以那兩點做為直徑，畫出一個圓圈。

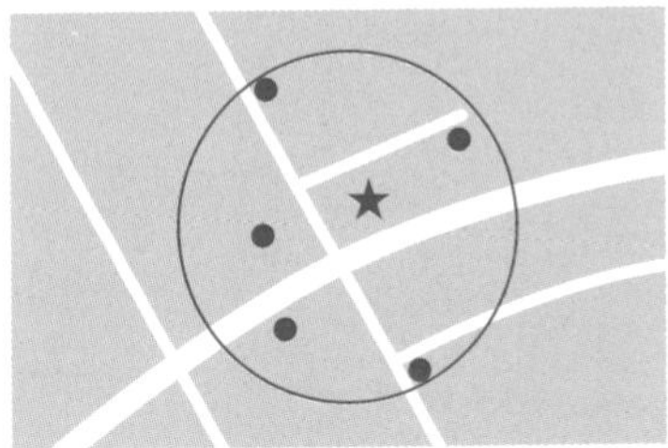

★……犯人的住處

圓圈假設意指，包含了所有作案地點的圓圈內，同時也存在著犯人的住處。

09

刑事判決相關研究

嫌疑人或目擊者的證詞可信度，以及制度本身，都是心理學研究的範疇。

證詞的可信度，也和精神鑑定有關

判決意指法院或法官依法定形式下達的判斷，有**犯罪嫌疑的嫌疑人***，**依據刑事訴訟法規定，必須接受刑事判決**。

刑事判決的流程，簡略來說，就是檢察官宣讀起訴狀（被告人*是誰、做了什麼壞事、犯了什麼罪等），之後檢察官與辯護律師，依各自的立場提出證據，法官從中認定事實，並下達判決。犯罪心理學在這段過程中，主要的研究對象為影響量刑判斷的因素。

例如：**供述心理學**，研究被告人自白的供述證據或證明能力，以及**判決過程論**，分析判決心證的形成過程。

再者，**查核目擊者和嫌疑人所做證詞的可信度，也屬於犯罪心理學的範疇**。

有些人可能會在作證或供述時說謊，又有些人可能記錯或誤會。特別是孩童和高齡者、智能障礙者和精神障礙者等擔任證人時，查核證詞可信度的工作，就更顯重要。

另外，**犯人（被告人）是否具備責任能力，需藉由精神鑑定**（➡二二二頁）**來判斷**，此時就需要精神醫學協助，同時這也是判決心理學的研究領域。

陪審團制度與陪審員的心理

日本自二〇〇九年開始實施陪審團制度（➡二一〇

＊嫌疑人、被告人　嫌疑人意指搜查機關懷疑有犯罪可能，而成為搜查對象的人，並未受到起訴。被告人則指已由檢察官起訴的人。

八頁），一般市民也能參與判決，而這個制度是否能夠發揮效果，或者該如何提升其效果，也是值得重視的研究課題。

為了審慎評估陪審員自身的心理狀態，必須由各種觀點來切入研究。例如，陪審員是否有能力判斷證據真偽，或是能否做出公正的判斷等，陪審團制度可說還存在著諸多問題。

判決相關研究

有關判決的各種研究，旨在處理刑事判決流程中，各種心理學方面的問題。以下介紹主要內容。

研究判決流程

1 關於法官的意思決定

探討法官憑藉哪些依據做出判決。

2 與陪審員相關的心理學

- 如何提升陪審團制度的效果。
- 陪審員能否做出適切的結論。
- 陪審員心裡承受的負擔等。

證詞的可信度

查核目擊者、嫌疑人、被告人的證詞可信度。

精神鑑定

鑑定犯人是否具有責任能力。屬於精神醫學的專業領域。

10 矯正心理學的目的在於矯正犯罪者

解析犯罪與偏差行為，幫助犯罪者和不良少年重返社會。

矯正設施有許多種類，專門收容少年的設施有少年鑑別所、少年感化院；成年人則必須進入拘留所或監獄（▶▶二一〇頁、第二一二頁）。這些設施都發展出各自的矯正心理學，並實際運用於心理判定或心理輔導。

協助犯罪者重新出發

矯正心理學大致可以分為兩種。第一種是**評估**、**查核***（Assessment），透過評估、查核犯罪者和不良少年的心理狀態，進而檢討適切的處置方式。具體而言，是利用智力測驗、性格測驗、行動觀察與面談等方式，**充分理解犯罪者與不良少年的心理特徵**。評估結果可做為少年審判參考，或是少年感化

矯正職員必備的心理學

矯正*設施的用意是收容犯罪者或不良少年，並運用各種計畫來改善、矯正他們。在矯正設施工作的矯正職員，除了維持設施內的秩序，讓被收容者能夠和平共處，更必須促使他們改過向善、重新做人。做好矯正工作，同時也能夠守護社會與民眾，免於犯罪侵擾。為了遂行上述職務，**矯正心理學**即為必備的知識。

總之，**為了解析每一個犯罪者所犯的罪行，以及不良少年的偏差行為，利用合適的矯正場所，讓犯罪者和不良少年能夠改過向善、重新做人，矯正心理學就是提供科學技術與理論根據的一門學問**。

* **矯正**　矯正意指在監獄或少年感化院中實施的教育，旨在讓犯罪的人能夠回歸社會。更生意指監管在社會中的犯罪者和不良少年，讓他們能夠重新做人。

院擬定輔導計畫所用。

第二種是**輔導與心理療法**。具體做法即是讓犯罪者和不良少年了解，自己犯下的罪行有多嚴重，同時透過心理輔導，協助他們不再犯罪。

另外，除了「矯正」之外，為了讓離開監獄和少年感化院的人，不再犯下罪行或偏差行為，給予適當的協助也是件重要的工作。當少年接受輔導，或是離家出走，必須提供一個有歸屬感的棲身之所，透過管理與教導及協助，防止他們再次犯罪。

矯正心理學

旨在矯正犯罪者和不良少年，讓他們成為健全的市民回歸社會的心理學。其內容大約分為兩種。

評估、查核

評估、查核犯罪者或不良少年的心理狀態，檢討適切的處置方法，評估結果可做為少年審判參考，或是少年感化院擬定輔導計畫所用。

輔導與心理療法

讓犯罪者和不良少年了解，自己犯下的罪行有多嚴重，同時透過心理輔導，協助他們不再犯罪。

重點在於預防再次犯下罪行或是偏差行為

當少年接受輔導，或是離家出走，必須提供一個有歸屬感的棲身之所，透過管理與教導及協助，防止他們再次犯罪。再者，宣傳藥物以及福祉犯罪的危險性，以創造和諧的社會環境為目標。

＊**評估、查核**　針對某件事物或現象加以評價，在矯正心理學當中，意指調查、評估心理狀態、性格和智能。環境評估意指調查環境帶來的影響。

○○銀行

INDEX 用語索引

圖解犯罪心理學（二版）

面白いほどよくわかる！犯罪心理学

作　　者	內山絢子（監修）
譯　　者	李建銓
插　　圖	今井ヨージ・平井きわ・渡辺コージ
設　　計	八木孝枝（STUDIO DUNK）・高橋千恵子
原版編輯	peakone有限公司
封面設計	郭彥宏
內頁排版	簡至成
文字校對	謝惠鈴
行銷企劃	蕭浩仰、江紫涓
行銷統籌	駱漢琦
業務發行	邱紹溢
營運顧問	郭其彬
協力編輯	陳慧淑
責任編輯	何維民、賴靜儀
總 編 輯	李亞南
出　　版	漫遊者文化事業股份有限公司
地　　址	台北市103大同區重慶北路二段88號2樓之6
電　　話	(02) 2715-2022
傳　　真	(02) 2715-2021
服務信箱	service@azothbooks.com
臉　　書	www.facebook.com/azothbooks.read
營運統籌	大雁文化事業股份有限公司
地　　址	新北市231新店區北新路三段207-3號5樓
電　　話	(02) 8913-1005
訂單傳真	(02) 8913-1056

二 版 一 刷　2023年7月
二版三刷 (1)　2024年3月
定　　價　台幣450元
ISBN　978-986-489-821-3

國家圖書館出版品預行編目 (CIP) 資料

圖解犯罪心理學：從理論到實例，讀懂難以捉摸的人心黑暗面 / 內山絢子監修；李建銓譯. -- 二版. -- 臺北市：漫遊者文化事業股份有限公司, 2023.07
256 面；14.8 × 21　公分
譯自：面白いほどよくわかる！犯罪心理学
ISBN 978-986-489-821-3(平裝)
1.CST: 犯罪心理學
548.52　　112008998